O EVOLUCIONISMO
sob uma visão espiritual

CIP-BRASIL. CATALOGAÇÃO NA PUBLICAÇÃO
SINDICATO NACIONAL DOS EDITORES DE LIVROS, RJ

G53e   Godinho, Bruno, 1972-
            O evolucionismo sob uma visão espiritual / Bruno Godinho.
            – 1. ed. – Porto Alegre [RS] : AGE, 2025.
            96 p. ; 14x21 cm.

            Inclui bibliografia
            ISBN 978-65-5863-358-7
            ISBN E-BOOK 978-65-5863-363-1

            1. Espiritualidade. 2. Evolução. 3. Vida – Origem. I. Título.

            25-97493.0   CDD: 215.7
                                  CDU: 2-633

Gabriela Faray Ferreira Lopes – Bibliotecária – CRB-7/6643

Bruno Godinho

O EVOLUCIONISMO
sob uma visão espiritual

Editora AGE

PORTO ALEGRE, 2025

© Bruno Freitas Godinho, 2025

Capa:
Mirela Schultz

Colaborador da capa:
William Mog

Diagramação:
Nathalia Real

Revisão textual:
Marquieli Oliveira

Supervisão editorial:
Paulo Flávio Ledur

Editoração eletrônica:
Ledur Serviços Editoriais Ltda.

Reservados todos os direitos de publicação à
EDITORA AGE
editoraage@editoraage.com.br
Rua Valparaíso, 285 – Bairro Jardim Botânico
90690-300 – Porto Alegre, RS, Brasil
Fone: (51) 3223-9385 | Whats: (51) 99151-0311
vendas@editoraage.com.br
www.editoraage.com.br

Impresso no Brasil / Printed in Brazil

SUMÁRIO

EXÓRDIO 7

AS CÉLULAS – NOSSAS IRMÃS MENORES 21
JEAN-BAPTISTE DE LAMARCK 27
CHARLES DARWIN 31
ALFRED RUSSEL WALLACE 36
COMO EXPLICAR? 39
O MENOR NÃO "CAUSA" O MAIOR 45
1857 VS. 1859 53
OS DOIS ÚLTIMOS REINOS DA NATUREZA 57
O ELO PERDIDO 68
HOMO IGNORAMUS 75

REFERÊNCIAS 94

EXÓRDIO

O evolucionismo é um pensamento que visou a refutar cientificamente o criacionismo – ou seja, ideia vigente até metade do século XIX de que os seres vivos foram criados por Deus e não sofrem mudança ou evolução. Ora, que fomos criados por Deus, isso não há dúvida, mas acreditar que os seres vivos NÃO integram uma cadeia de evolução em que as espécies existentes se desenvolveram a partir de ancestrais comuns, ah!, pensar assim chega a ser tolice. Com o avanço científico, tornava-se evidente que o planeta era muito mais antigo do que o momento contado por algumas religiões e que os seres vivos não teriam surgido repentinamente por vontade divina, mas seriam resultado de um longo tempo de evolução. As suspeitas foram comprovadas com a descoberta de fósseis datados de dezenas de milhões de anos que recapitulam a história da evolução dos seres vivos.[1]

Vejamos a consideração do eminente filósofo e pensador espiritualista italiano Pietro Ubaldi (1886-1972), em sua obra *Um Destino Seguindo Cristo*, Capítulo XII, item 3:

[...] O transformismo evolutivo hoje está em fase de aceleração. Quem não for capaz de acompanhar a velocidade com a qual se pôs a correr a vida fica para trás. Quem viveu a sua juventude no início deste século recorda os anátemas eclesiásticos contra o evolucionismo darwiniano. O princípio da evolução ficou, e hoje até a Igreja se adapta a ele. Com o jesuíta Teilhard de Chardin a evolução tornou-se um processo de espiritualização da vida. A geosfera evolui para a biosfera, que, por sua vez, ascende para a noosfera. Da civilização da matéria se sobe para a "hominização" da vida. Eis incorporada a proibida teoria evolucionista, levada às suas mais altas conseqüências com a espiritualização. A ciência entra na religião, que, primeiramente, a nega para deter-lhe o avanço, mas depois tem de aceitá-la à força, se não quiser ser superada pelo progredir da vida. Esta caminha por sua conta, exigindo que a sigam, e ninguém pode detê-la.

Atualmente, todos estão de acordo que, no seio de um meio previamente limpo de qualquer germe, a vida não aparece jamais em laboratório. Até a presente data, não se conhece nenhuma condição especial que possa propiciar o surgimento espontâneo de seres vivos organizados. Em outras palavras: a **geração espontânea** ou **abiogênese**, que defende a formação de organismos vivos a partir de matérias minerais não vivas ou de substâncias orgânicas em decomposição, é impossível.[2]

E foi o cientista francês Louis Pasteur (1822-1895) que deu o golpe derradeiro na doutrina da geração espontânea. O notável químico e biólogo francês realizou notáveis trabalhos sobre a estereoquímica (investigação sobre a disposição especial dos átomos nas moléculas), voltando-se depois para o estudo das fermentações, demonstrando-as como sendo a consequência da ação de microrganismos e que, com efeito, **não existia a geração espontânea dos micróbios**.[3]

Há 3,8 bilhões de anos, um exército colossal de organismos vivos transformou a Terra e criou a biosfera – uma fina camada na superfície do orbe, composta de organismos vivos e por tudo que foi moldado, alterado ou abandonado por eles. Contudo, o nascimento da vida não pode ser visto como um desses fenômenos cíclicos, de período muito longo, não experimentais, mas sim considerado como sendo um fenômeno singular, conquanto também não experimental; ou antes: preterexperimental.[4]

De forma notável, o padre jesuíta, teólogo, filósofo e paleontólogo francês Pierre Teilhard de Chardin (1881-
-1955), em sua obra *O Fenômeno Humano*, Capítulo II, item 3, diz que:

> [...] A eclosão da vida sobre a Terra pertence à categoria dos acontecimentos absolutamente únicos que, uma vez ocorridos, nunca mais se repetem. [...] Se a vida pôde um dia isolar-se no Oceano primitivo, foi sem dúvida porque a Terra (e nisso justamente era ela juvenil) encontrava-se então, pela distribuição e pela complexidade global de seus elementos, num estado geral e privilegiado que permitia e favorecia a edificação de protoplasmas. E se a vida, por conseguinte, já não se forma hoje diretamente a partir dos elementos contidos na Litosfera ou na Hidrosfera, é aparentemente porque o próprio fato do aparecimento de uma Biosfera de tal modo alterou, empobreceu e afrouxou o quimismo primordial do nosso fragmento de Universo que o fenômeno jamais poderá (a não ser talvez artificialmente) reproduzir-se. [...] Um momento sem igual. Uma única vez, na Terra, protoplasma, como uma única vez, no Cosmo, núcleos e elétrons.

Sim, um momento único na evolução de nosso planeta! Quando a Terra se encontrava em condições eletroquímicas adequadas e, com efeito, as primeiras tentativas de equilíbrio se estabilizaram, o **raio globular,**[5] **finalmente, pôde evoluir até a forma protoplasmática**. Sobre os casos pontuais que hoje são observados pela Ciência oficial, Sua Voz, em *A Grande Síntese*, no Capítulo LVIII, diz que:

> [...] São apenas esboços de reconstrução daqueles proto-organismos, em que começou a atração e a elaboração dos elementos para a química orgânica, verdadeiros laboratórios para a síntese da vida. Os casos mais estáveis, os organismos mais resistentes, os mais favorecidos pelas condições do ambiente, sobreviveram. Com a mesma prodigalidade com que a natureza multiplica e espalha hoje seus germes, para que só um pequeno número sobreviva, surgiram miríades desses globos leves, em que a vida começava a despertar e estava latente o germe de suas leis. Eles ainda vagavam à mercê das forças desencadeadas, numa atmosfera densa, quente, carregada de vapores d'água, de gás carbônico, primeiras luzes incertas, mas contendo a potência da vida. Era a hora indecisa, crepuscular, a hora das formações, em que o mundo dinâmico em plena eficiência, mas convulsionado pelos mais poderosos desequilíbrios, tentava novos caminhos, assomava desordenadamente às portas da vida.

Esses globos de fogo eram, então, os únicos habitantes do planeta; não excepcionais e instáveis como hoje, mas numerosíssimos e estáveis. Nem todos explodiam (morte violenta acidental). O íntimo movimento vorticoso tornava-se cada vez mais compacto. A condensação de uma massa gasosa das dimensões de um dos raios globulares, que por vez tornam a formar-se na Terra, vos mostra um volume da ordem de grandeza das primeiras massas protoplasmáticas. Assim mudou o peso específico e o primeiro organismo não pôde mais flutuar no ar. A onda gravífica incorporou-se à matéria que, lembrando-se, respondeu ao apelo íntimo; a condensação foi atraída e caiu. Mais pesados em virtude da condensação, as miríades de germes da vida caíram, arrastados pelas chuvas; caíram nas cálidas e vaporosas águas dos oceanos. A protoforma da vida chegara a seu berço. A matéria recebera o sopro divino: agora tinha de viver. As águas, sobre as quais se movera o espírito de Deus, tornaram-se a sede dos primeiros desenvolvimentos, que só mais tarde atingiram as terras emersas. O íntimo sistema do primeiro germe estabilizou-se cada vez mais, absorveu e fixou em seu ciclo novos elementos, complicou-se em seu íntimo metabolismo, agigantou-se, esboçou suas primeiras formas que foram vegetais, simples algas marinhas; diferenciou os primeiros traços característicos das várias ramificações dos sistemas biológicos. Assim, da matéria, retomada no turbilhão dinâmico, animada por novo impulso em forma de germe elétrico caído do céu, nasceu a vida.

Allan Kardec (em Espírito), através da psicografia de Zilda Gama, na obra *Diário dos Invisíveis*, página 26, diz que:

> [...] Não era mais a água que inundava o solo, mas este, bem como todos os líquidos nele existentes, que se ligaram a uma atmosfera "sui generis", ou antes, a um oceano fluídico que o circundou, saturando-o até às maiores profundidades. Era este nevoeiro a matéria cósmica ou orgâ-

nica, eterizada, em difusão, contendo todos os elementos imprescindíveis à existência ou à gênese de todos os seres vivos, a substância primordial de que se tornaram os dois reinos da Natureza – o animal e o vegetal – que lhe faltavam, a qual envolve copiosamente os mundos em formação, e, quando já são habitados, torna-se rarefeita. Essa nebulosidade – semelhante à que constitui a cauda dos cometas, que são os mundos em gestação – não era mais que a matéria em um de seus estados, o gasoso, apta para ser condensada e engendrar todos os organismos conhecidos da Fauna e da Flora terrestre.

O Espírito André Luiz, no livro *Evolução em Dois Mundos*, Primeira Parte, Capítulo III, aduz:

[...] A imensa fornalha atômica estava habilitada a receber as sementes da vida e, sob impulso dos Gênios Construtores, que operavam no orbe nascituro, vemos o seio da Terra recoberto de mares mornos, invadido por gigantesca massa viscosa a espraiar-se no colo da paisagem primitiva. Dessa geleia cósmica, verte o princípio inteligente, em suas primeiras manifestações. [...] Trabalhadas nos transcursos de milênios, pelos operários espirituais que lhe magnetizam os valores, permutando-os entre si, sob à ação do calor interno e do frio exterior, as mônadas celestes exprimem-se no mundo através da rede filamentosa do protoplasma de que se lhes derivaria a existência organizada no Globo constituído. Séculos de atividade silenciosa perpassam, sucessivos.

O Espírito Emmanuel, em *A Caminho da Luz*, Capítulos I e II, afirma:

[...] E quando serenaram os elementos do mundo nascente, quando a luz do Sol beijava, em silêncio, a beleza melancólica dos continentes e dos mares primitivos, Jesus reuniu, nas Alturas, os intérpretes divinos do seu pensamento. Viu-se, então, descer sobre a Terra, das amplidões dos espaços ilimitados, uma nuvem de forças cósmicas, que envolveu o imenso laboratório planetário em repouso.

Daí a algum tempo, na crosta solidificada do planeta, como no fundo dos oceanos, podia-se observar a existência de um elemento viscoso que cobria toda a Terra.

Estavam dados os primeiros passos no caminho da vida organizada. Com essa massa gelatinosa, nascia no orbe o protoplasma e, com ele, lançara Jesus à superfície do mundo o germe sagrado dos primeiros homens.

[...] Essa matéria, amorfa e viscosa, era o celeiro sagrado das sementes da vida. O protoplasma foi o embrião de todas as organizações do globo terrestre, e, se essa matéria, sem forma definida, cobria a crosta solidificada do planeta, em breve a condensação da massa dava origem ao surgimento do núcleo, iniciando-se as primeiras manifestações dos seres vivos.

Os primeiros habitantes da Terra, no plano material, são as células albuminoides, as amebas e todas as organizações unicelulares, isoladas e livres, que se multiplicam prodigiosamente na temperatura tépida dos oceanos.

Com o escoar incessante do tempo, esses seres primordiais se movem ao longo das águas, onde encontram o oxigênio necessário ao entretenimento da vida, elemento que a terra firme não possuía ainda em proporções de manter a existência animal, antes das grandes vegetações; esses seres rudimentares somente revelam um sentido – do tato, que deu origem a todos os outros, em função de aperfeiçoamento dos organismos superiores.

E na obra *O Consolador*, pergunta 6, o Espírito Emmanuel diz mais:

[...] Assim como o químico humano encontra no hidrogênio a fórmula mais simples para estabelecer a rota de suas comparações substanciais, os espíritos que cooperam com o Cristo, nos primórdios da organização planetária, encontraram, no protoplasma, o ponto de início para a sua atividade realizadora, tomando-o como base essencial de todas as células vivas do organismo terrestre.

Joanna de Ângelis, em *Estudos Espíritas*, Capítulo VI, expõe:

[...] A vida, a manifestar-se no protoplasma, tem o seu princípio construtor e mantenedor na matéria cósmica primitiva elaborada pelos Angélicos Construtores do planeta, sob a égide do Cristo, o realizador e diretor do orbe terrestre. Tal não ocorreu em um ponto único da Terra, mas, simultaneamente, em toda parte onde as condições permitiram, após as convulsões telúricas da imensa fornalha atômica, que sacudiram o planeta. Apareceram, então, os sêmens da vida, que repousaram no tépido abismo, das águas oceânicas abissais, ali se aglutinando e tornando-se complexas, emergindo após, na busca do abençoado heliotropismo, para o ministério a que mais tarde se destinaram. Provindos da imensa geleia que envolveu o planeta, no seu grande repouso, representava essa grandiosa massa a geratriz donde se originam, no fluido cósmico, todas as expressões gerais e vivas das diversas constelações do Universo.

O Espírito Áureo, em *Universo e Vida*, Capítulo III, diz:

[...] O protoplasma era, na verdade, um fluido composto de água, proteínas, açúcares, gorduras, sais... e, o que é de decisiva importância, de mônadas espirituais, destacadas, pelos prepostos crísticos, dos cristais onde completaram seu estágio de individuação. Por isso, o protoplasma encerrava o gérmen da vida – o princípio espiritual que iria ensaiar seus primeiros movimentos no íntimo das células albuminoides.

O escritor norte-americano Rabbi Ernest Robert Trattner (1898-1963), em seu livro *Arquiteto de Ideias*, assim se expressa sobre o protoplasma:

Uma substância viscosa, acinzentada, translúcida, possuindo extraordinária uniformidade tanto nas células animais como vegetais. Colorida e observada ao microscópio, revela uma estrutura granular ou finamente reticulada. Dentro do protoplasma acha-se a parte central mais densa chamada núcleo, separada por uma membrana identificável. Fisicamente, pouco se distingue do protoplasma; só difere dele na constituição química. Quimicamente, o protoplasma é formado por três quartas partes de água; a outra parte é constituída principalmente de proteína, açúcares, gorduras e sais. É no complexo proteínico do protoplasma que a Ciência procura hoje descobrir as propriedades últimas dessa coisa indefinível que se chama vida.

Sua Voz, em *A Grande Síntese*, Capítulo LVIII, diz que a Ciência oficial, procurando produzir vida artificialmente a fim de descobrir o que aconteceu há bilhões de anos, não logrará êxito, porque:

> [...] A fase que a energia atravessava então [bilhões de anos] era um estado substancialmente diferente do atual. A estrutura íntima da forma dinâmica, eletricidade [centro animador e substância interior da vida, da qual sempre assume função central diretora], qual a observais, não possui mais aquelas propriedades, nem mais as possui o ambiente de ação. Hoje, a energia já viveu suas fases, como as viveu a matéria e, como está, encontra-se estabilizada em suas formas definitivas. Esses desequilíbrios de transição, esses momentos intermediários, essas fases de tentativas e de expectativas estão ultrapassadas nesse campo. Esses tipos já estão realizados e o transformismo evolutivo ferve alhures. No presente, a hora é de criações espirituais; matéria e energia esgotaram seu ciclo, não podeis mudar as trajetórias invioláveis dos desenvolvimentos fenomênicos. Pensai, além disso, que vós sois esse mesmo princípio [princípio espiritual, princípio vital, etc.] que quereis dominar, levado a um nível superior. A Lei, que também vós representais, não pode voltar-se sobre si própria, para modificar-se a si mesma. Vós sois um momento do devenir do todo, desse momento não podeis sair.

Ademais, no Capítulo LI de *A Grande Síntese*, lê-se que a vida:

> [...] Não é uma síntese de substâncias proteicas, mas consiste no princípio que esta síntese estabelece e dirige; a vida não

reside na evolução das formas, mas na evolução do centro imaterial que as anima; a vida não está na química complexa do mundo orgânico, mas no psiquismo que a guia.

Sim! O interessante da vida é que, embora o interior de cada célula pareça uma bagunça, ela dá a impressão de agir com um propósito. E não poderia ser diferente: **um princípio (inteligente) a dirige**, como se estivesse repassando uma lista de tarefas, a saber: I) permanecer viva, apesar do ambiente imprevisível; II) fazer cópias de si que possam realizar a mesma coisa. E assim por diante, de célula a célula e de geração para geração.

Encerraremos este prefácio com uma notável consideração do Espírito Emmanuel, na obra *O Consolador*, pergunta 85:

As primeiras formas planetárias obedeceram a um molde especial preexistente?

Jesus foi o divino escultor da obra geológica do planeta. Junto de seus prepostos, iluminou a sombra dos princípios com os eflúvios sublimados do seu amor, que saturaram todas as substâncias do mundo em formação. Não podemos afirmar que as formas da Natureza, em sua manifestação inicial, obedecessem a um molde preexistente, no sentido de imitação, porque todas elas receberam o influxo sagrado do coração do Cristo. A verdade é que, assim como nas vossas construções materiais, todas as obras viveram previamente no cérebro de um engenheiro ou de um arquiteto, todas as formas de vida na Terra foram primeiramente concebidas na sua visão divina.

Sem mais nada digno de menção, boa leitura.

Notas

1. Bem antes do desenvolvimento das teorias científicas sobre a origem do mundo e da vida, a maioria dos povos antigos nutria as próprias versões a respeito da criação do mundo e do Homem, elaboradas por meio de mitos transmitidos ao longo das gerações. Desse modo, diversos deles sobreviveram até nossos dias. Em muitos casos, a origem está relacionada a uma ou várias divindades criadoras; em outros, não existe princípio nem fim.

    A Índia, por exemplo, é uma sociedade multicultural, na qual subsiste uma tradição milenar de mitos e rituais. Seus livros sagrados foram escritos em épocas diversas. Alguns são anteriores a 1000 a.C. – basta observar o *Rig Veda* ou *Livro dos Hinos*. O primeiro Homem teria surgido diretamente do deus Brahma.

    Já na África, o berço da espécie humana conserva diversos mitos que abordam a origem do Homem. Um deles até entrelaça sua origem com a do macaco. Conta-se que o criador Muluku, o deus supremo, fez brotar o Homem e a mulher a partir de buracos na terra. Muluku, então, ensinou-lhes a arte da agricultura. Contudo, por descuido do casal, a terra secou. Como castigo, o deus criador abandonou os humanos na selva com rabos de macaco; dos macacos, tirou-lhes a cauda e ordenou que se tornassem homens.

    O Judaísmo, o Islamismo e todas as vertentes do Cristianismo partem do Gênese bíblico, segundo o qual o mundo foi criado por Deus em sete dias. No sexto dia, foi constituído o primeiro ser humano, a partir do barro, à imagem e semelhança do Criador. A nova criatura poderia usufruir da natureza, porém também deveria cuidar dela e protegê-la. A partir da costela de Adão (este foi criado pelo sopro divino ou contato físico, já que Deus transmitiu vida à matéria inerte) surgiu Eva, a primeira mulher. Por desobedecerem ao Criador ao comerem o fruto proibido, Adão e Eva foram expulsos do Paraíso (o Éden, que o relato bíblico situa na região da Mesopotâmia). Condenados a trabalhar duro e a parir com dor, tiveram três filhos, que deram origem à Humanidade.

2. Jean-Baptiste-Pierre-Antoine de Monet, Cavaleiro de Lamarck (1744-1829), firmou-se como fundador da teoria da geração espontânea. Falaremos dele no primeiro texto desta obra.
3. Para mais sobre Louis Pasteur, favor consultar a obra *O Humano Ser*, Parte I (Editora AGE, 2024), de nossa autoria.
4. Do latim *praeter*, o prefixo *preter* significa *o que vai além de, que transcende*. Dessa forma, preterexperimental é o fenômeno que não pode ser objeto de observação ou experimentação direta e atual, sendo atingido por recorrência, tal como o caso em pauta, isto é, o nascimento da vida.
5. Os que se interessarem em conhecer um pouco mais sobre o significado do termo "raio globular", favor ler todo o Capítulo LVIII de *A Grande Síntese* ou, se preferir, aguardar nosso livro *O Homem Cósmico*, que, já escrito, em breve virá a público. Malgrado, deixaremos registrada uma síntese do significado de raio globular, a fim de não deixar o leitor sem o "gostinho" desse tema tão notável e atraente.

Pois bem: através das inusitadas informações trazidas por Sua Voz, em *A Grande Síntese*, concluímos sem hesitar que a eletricidade globular (ou raio globular) é o princípio da vida e, portanto, o princípio vital, o princípio imaterial, o princípio espiritual, o princípio inteligente do Universo. Desse modo, fica mais clara a resposta dada a Allan Kardec quando ele interrogou os sábios Benfeitores espirituais, em *O Livro dos Espíritos*, na pergunta 63. Traremos ao leitor nossas observações, em chaves, para facilitar o entendimento de nossa conclusão. Vejamo-la:

> O princípio vital reside nalgum agente particular, ou é simplesmente uma propriedade da matéria organizada? Numa palavra, é efeito, ou causa? Uma e outra coisa. A vida [orgânica – vírus, bactérias, vegetais, animais e seres humanos] é um efeito devido à ação de um agente [a eletricidade globular, o princípio vital, o princípio espiritual, etc.] sobre a matéria [o hidrogênio]. Esse agente [o raio globular, a eletricidade globular, o princípio vital, princípio inteligente do Universo, etc.], sem a matéria

[sem o hidrogênio], não é a vida, do mesmo modo que a matéria [o hidrogênio] não pode viver sem esse agente [o raio globular, filho dos movimentos vorticosos, que, por sua vez, é constituído de hidrogênio]. Ele [o agente, o raio globular, a eletricidade globular, o princípio vital, etc.] dá a vida a todos os seres que o absorvem e assimilam [isso porque o princípio vital ou raio globular excita a matéria, arrasta consigo os sistemas atômicos e reveste-se de matéria como de um corpo].

AS CÉLULAS – NOSSAS IRMÃS MENORES

Não se pode negar que todas as coisas vivas na Terra consistem em células. Cada uma delas contém milhões de moléculas complexas que reagem umas com as outras, muitas vezes a cada segundo, à medida que avançam através de um lodo químico aquoso e salgado, cheio de proteínas, no reino grudento conhecido como *citoplasma*. E este é delimitado por uma membrana celular, que controla quando e quais moléculas entram e quais saem, tal qual as muralhas de uma cidade medieval. As células sempre estão em metabolismo; nunca ficam paradas, pois usam fluxos de energia para continuar se ajustando a ambientes em constante mudança. Para tanto, elas devem acessar, baixar e decodificar, continuamente, informações sobre seus ambientes internos e externos, decidindo sobre a melhor reação e, depois, reagindo.

Seja uma simples ameba, uma baleia ou nós mesmos, utilizamos a divisão celular como mecanismo de reprodução ou como dispositivo de crescimento. O ciclo celular inclui a **fase inicial, na qual ocorre a duplicação do material hereditário (DNA – ácido desoxirribonucleico),** originando duas cromátides idênticas – ou seja, duas cópias iguais de um cromossomo, que formam uma estrutura em forma de cruz. O ponto de ligação entre as cromátides chama-se *centrômero*. Uma vez finalizada a fase de duplicação, serão formadas as estruturas necessárias para a divisão celular, **gerando uma nova célula**.

Todas as células dos organismos superiores multiplicam-se por mitose, à exceção dos gametas (células sexuais). A mitose é o processo pelo qual uma célula gera duas células idênticas. Para isso, primeiro a célula duplica seu material genético dentro de seu núcleo e, em seguida, divide-se, produzindo duas células com o mesmo material genético. Uma célula adulta pode se dividir, em média, 20 vezes antes de morrer. Já as células-tronco podem se dividir indefinidamente.

As células presentes nos seres vivos são classificadas em *eucarióticas* e *procarióticas*. A diferença entre elas é a estrutura celular. As procarióticas caracterizam-se por terem uma estrutura simples – ou seja, quase todas são unicelulares e não possuem núcleo; assim sendo, o DNA encontra-se livre no citoplasma. Já as células eucarióticas têm um núcleo celular definido e uma estrutura complexa. Acredita-se que a primeira célula procariótica surgiu há mais de 3,5 bilhões de anos, e que, por muitos anos, os organismos eram formados apenas por essas células, até surgirem as células eucarióticas, há 1,7 bilhão de anos. Atualmente, sobrevivem dois grupos de procariotas – bactérias e *Archaea* (domínio de seres vivos morfologicamente semelhantes às bactérias, mas genética e bioquimicamente tão distintas daquelas).

O núcleo celular é o centro de controle da célula. **Em seu interior encontram-se os cromossomos que con-**

têm a informação genética (o código genético) dos seres vivos, sendo transmitidos de pais para filhos, de geração para geração. O núcleo celular é rodeado por uma membrana chamada *carioteca*. Nos seres humanos, cada núcleo celular é composto de 46 cromossomos (ou 23 pares). A planta samambaia possui 1.262 cromossomos; a salamandra tem 24 cromossomos; a mosca-da-fruta contém 8 cromossomos.

A existência do cromossomo foi descoberta pelo biólogo suíço Karl Wilhelm von Nägeli (1817-1891), em 1842. Em 1910, o geneticista norte-americano Thomas Hunt Morgan (1866-1945) descreveu a função primordial dos cromossomos – ou seja, são portadores de genes – e chamou-os de *carriers*. Graças à demonstração, Morgan recebeu o Prêmio Nobel de Medicina, em 1933.

Os genes são estruturas funcionais que são responsáveis pelas características de cada indivíduo. O gene é a unidade fundamental da hereditariedade. Cada gene é formado por uma sequência específica, mais ou menos longa, de ácidos nucleicos. Um cromossomo é uma longa sequência de DNA, que contém vários genes. **Em suma, o conjunto de genes forma os cromossomos.**

Agora, faremos uma pequena digressão sobre o ácido desoxirribonucleico (DNA). Pois bem: o DNA é uma MOLÉCULA BIOLÓGICA, relativamente simples, em forma de dupla-hélice, que CONSTITUI os cromossomos e CONTÉM o código genético de um ser vivo. Portanto, é a central de controle das características hereditárias. Cada ser vivo que habita a Terra possui uma codificação diferente de instruções escritas na mesma linguagem em seu DNA. Essas diferenças geram as diferenças orgânicas entre os organismos vivos. Uma curiosidade: **o ácido desoxirribonucleico, nos cromossomos de uma célula humana, mede 2 metros.**

Carlos Torres Pastorino (1910-1980), em sua obra *Técnicas da Mediunidade*, no capítulo intitulado "Biologia", diz:

> [...] Cada célula SABE sua função e a executa rigorosamente, porque possui mente e consciência [embora, evidentemente, não tão desenvolvidas como nos seres superiores, é lógico!]. Mas a própria ciência dita "oficial" reconhece esse fato: ao analisar o núcleo, os fisiologistas descobriram que, dentro dele, estão escritos, em linguagem cifrada, quais os direitos e deveres da célula: o que ela tem que executar durante toda a sua vida; o padrão a que deve obedecer; a saúde que deve manter ou a doença que deverá provocar, e em que época o deverá fazer; numa palavra, todo o seu comportamento ao longo de sua vida.
>
> Essas "ordens", diz a Fisiologia, são "representadas" por uma substância denominada "ácido desoxirribonucleico" [DNA]. Essa substância "representa" a mente da célula, tal como o cérebro "representa" a mente espiritual, e rege todas as ações, operações e transformações físicas, químicas, elétricas e magnéticas da vida da célula.
>
> Essa "mente da célula" é a guardiã das enfermidades "cármicas", fazendo eclodir na época prevista, embora já estivessem impressas no núcleo da célula desde o nascimento.

O Espírito Áureo, na obra *Universo e Vida*, Capítulo V, item 16, traz uma informação *sui generis* sobre o desempenho das células em nosso organismo somático. Vejamos:

[...] Cada uma das 30 bilhões de células do corpo humano é não somente uma usina viva, que funciona sob o impulso de oscilações eletromagnéticas de 0,002 mm [milímetros] de comprimento de onda [λ], mas, por igual, um centro emissor, permanentemente ativo, de poderosos raios ultravioleta.

O Espírito André Luiz, no livro *Evolução em Dois Mundos*, Capítulo V, também traz sua contribuição sobre nossas "irmãs menores" – as células. Assim está exarado na obra supracitada:

> Com o transcurso dos evos, surpreendemos as células como princípios inteligentes de feição rudimentar, a serviço do princípio inteligente em estágio mais nobre nos animais superiores e nas criaturas humanas, renovando-se continuamente, no corpo físico e no corpo espiritual, em modificações vibratórias diversas, conforme a situação da inteligência que as senhoreia, depois do berço ou depois do túmulo.

A quem possa interessar, o DNA é composto de quatro tipos de bases nitrogenadas (possuem nitrogênio em sua composição), açúcares, ácido fosfórico (H_3PO_4) ou fosfato de hidrogênio e pequenas moléculas orgânicas (a adenina [A], que está sempre emparelhada com a timina [T], e a guanina [G], sempre emparelhada com a citosina [C]), formando nucleotídeos (compostos de três subunidades: um grupo fosfato, um açúcar com cinco carbonos e uma base nitrogenada, que carregam muita energia e auxiliam os processos metabólicos, especialmente as biossínteses, em grande parte das células), emparelhados em combinações específicas e conectados entre si por pontes de hidrogênio.

As células sexuais feminina (óvulo) e masculina (espermatozoide), também chamadas de gametas, formam-

-se a partir de uma divisão celular específica – a meiose. O processo reduz pela metade o número de cromossomos. Exemplo: enquanto todas as outras células do ser humano contam com 46 cromossomos (reunidos em 23 pares), os gametas possuem a metade dos cromossomos. A meiose consta de duas divisões (meiose I e meiose II) de quatro fases cada uma (prófase I e II, metáfase I e II, anáfase I e II e telófase I e II), somando oito etapas ao todo. Narrar, neste texto genuíno, esse processo ficaria demasiadamente extensivo e, talvez, para alguns leitores, algo desinteressante. Cremos que as informações básicas aqui inseridas são suficientes.

Tanto no óvulo como no espermatozoide há um par de cromossomos responsáveis pela determinação do sexo. Os cromossomos sexuais do espermatozoide podem ser de dois tipos: X e Y; e os do óvulo são sempre X. Se o espermatozoide que fecunda o óvulo tem cromossomo Y, a criança será do sexo masculino (XY); se o cromossomo é X, nascerá uma menina (XX). Dessa forma, desde o instante da concepção, a criança já tem seu sexo determinado.

Quando a criatura humana está pronta para reencarnar, sua ligação primeira se faz no óvulo, ainda na trompa de Falópio. O espírito, porém, NÃO ENTRA no óvulo – apenas SE LIGA a ele, permanecendo de fora, preso apenas pelo cordão de prata (perispírito). Do óvulo, ele irradia suas vibrações, que vão atrair o exato espermatozoide que é portador dos genes que sintonizam vibratoriamente com o Espírito reencarnante, que, portanto, lhe poderá fornecer um corpo especificamente apropriado a essa etapa evolutiva, com as qualidades e deficiências que haveis mister.

JEAN-BAPTISTE
DE LAMARCK

Jean-Baptiste-Pierre-Antoine de Monet, Cavaleiro de Lamarck (1744-1829), foi um pesquisador (naturalista) francês que soube aprimorar os dados dispersos da evolução, trazendo um sentido mais preciso. Exemplo: os animais chamados de *sangue quente* e *sem sangue* foram aceitos até que foram redenominados por Lamarck e ficaram conhecidos como *vertebrados* e *invertebrados*. Ele foi o primeiro a propor um sistema teórico completo para explicar as mudanças das espécies ao longo do tempo, embora nunca tenha usado o termo *evolução* ou *transformismo* para se referir a essas mudanças.

Com Lamarck, a história natural, até então puramente descritiva e contemplativa, torna-se um campo de pesquisa independente que se inscreve em um contexto geral muito movimentado, uma vez que emergiam outras Ciências: Geologia, Química – com Antoine Lavoisier (1743--1794) – ou a Astronomia – com Pierre-Simon Laplace (1749-1827).

Salvaguarda a teoria da geração espontânea, já explicada no Exórdio deste livro, os pensamentos de Lamarck foram tão eficientes que poucos compreenderam suas assertivas, ficando à margem do padrão científico de sua época.

Ele atribuiu ao ser vivo **a faculdade de variar em consequência do uso ou não dos seus órgãos, e também a de transmitir aos seus descendentes a variação adquirida**. Tal variação nasceria do próprio esforço do ser vivo para se adaptar às condições em que tem de viver. E tal esforço poderia não ser mais do que o exercício mecânico de certos órgãos, provocado pela pressão das circunstâncias externas (a função faz o órgão).[1]

O caso mais famoso é o do pescoço das girafas. Nessa época, os anatomistas sabiam que todos os mamíferos possuem um pescoço composto de sete vértebras cervicais. Então, como a girafa adquiriu um pescoço tão longo? Lamarck supõe que os ancestrais das girafas tinham, evidentemente, um pescoço mais curto. Mais tarde, **devido a circunstâncias não explicadas**, o meio se altera e a coroa das árvores fica mais alta. Os ancestrais das girafas têm dificuldade de alcançar as folhas para se alimentarem. Como todas as espécies, essa possui uma tendência a se aperfeiçoar, que não é consciente, mas a mobilização dessa faculdade, ou seja, o hábito de esticar o pescoço para se alimentar na copa das árvores, teria conduzido ao aumento do tamanho dessa estrutura. Mais tarde, toda a descendência herdará essas características e as transmitirá às gerações seguintes.

E, para o homem, esse transformismo funciona? Lamarck escreve no fim de sua obra-prima *Filosofia Zoológica* (1809) que se, por acaso, um macaco com quatro patas se encontrasse fora da floresta, ele poderia se levantar e se tornar um bímano – isto é, um grande macaco que anda em pé (um bípede); consequentemente, um Homem. Lamarck, como muitos outros depois dele e até os dias de hoje, retoma o esquema linear e hierárquico da organização das espécies herdado de Aristóteles – ou seja, a escala natural das espécies (*scala natura*), que começa pelas formas de vida mais simples, à esquerda, e continua com espécies cada vez mais evoluídas, à direita, com macacos de quatro patas, seguidos dos grandes macacos meio eretos, e, enfim, do Homem bípede. A *scala natura* retoma a ideia de evolução baseada na ontogênese, desde a primeira célula até o homem, o que também supõe **a ideia de um esquema ou de uma lei interna** e, com efeito, de um objetivo ou de um fim – o que chamamos de FINALIDADE.

O esforço, defendido pelo naturalista francês, também poderia implicar **consciência e vontade**. Eis aí o que diferencia Lamarck de seus sucessores. Acreditamos que essa interpretação teve conotações intuitivas, muito longe das avaliações científicas no plano físico. Portanto, o lamarckismo foi a primeira das formas atuais do evolucionismo capaz de **admitir um princípio interno e psicológico de desenvolvimento**, embora a ele não recorra necessariamente. Ademais, é uma teoria da evolução que nos parece ter uma explicação válida para a formação de órgãos complexos, idênticos em linhas independentes de desenvolvimento.[2]

Notas

1. Vejamos o exemplo do cérebro dos dinossauros. Houve, depois da existência desses impressionantes animais, um explosivo crescimento da maior glândula de nosso organismo somático. Eles tinham a massa cerebral ridiculamente pequena – formava apenas um ténue rosário de lóbulos, de diâmetro muito inferior ao da medula na região lombar.

Vamos fazer uma analogia, no intuito de quantificar o tamanho de um cérebro humano e de um jurássico. "Se tomarmos o número '1' para a relação-peso entre o cérebro e o corpo de minhocas e insetos, o estenonicossauro, 'um dos mais inteligentes dinossauros, que viveu há cerca de 75 milhões de anos', ficaria com 20, ao passo que no ser humano esse índice sobe para 350. Essa elevada taxa de expansão cerebral deve estar, necessariamente, conjugada às necessidades de armazenar crescente volume de informações, dado que em cada etapa de vida, aqui ou na dimensão póstuma, recebemos espantosa carga de conhecimentos novos e ainda temos de acomodar novas combinações entre aqueles de que já dispomos em nossos imensuráveis espaços interiores. Mais um exemplo a atestar a teoria larmarckiana de que a função (mental) cria o órgão (físico)" (Hermínio Miranda, *Alquimia da Mente*, Capítulo IV, referindo-se à colocação do pesquisador britânico Peter Russell em seu livro *The Global Brain*).

2. O diplomata e polímata francês Henri Bergson (1859-1941) revelaria a existência de um impulso interno (*elã vital*) que se dividiu entre linhas de evolução divergentes. Ele usou o termo *duração* como sendo a forma assumida pela sucessão de nossos estados de consciência quando o *eu* se deixa viver, quando ele se abstém de estabelecer uma separação entre o estado presente e os estados anteriores.

Um pouco mais tarde viria o padre jesuíta francês Teilhard de Chardin (1881-1955) também fundamentar sua cosmovisão tratando do psiquismo que se busca através das formas. Toda matéria (o "Fora") tem um espírito (o "Dentro") – eis aí a *complexificação-consciência* de Chardin.

CHARLES DARWIN

Charles Darwin (1809-1882) foi o naturalista e biólogo britânico que publicou o livro *A Origem das Espécies por Via de Seleção Natural*, em 24 de novembro de 1859, formando **o corpo de doutrina transformista**, denominado *darwinismo*, caracterizado sobretudo pela teoria da seleção natural (i.e., sobrevivência dos mais adaptáveis) e concorrência vital (i.e., sobrevivência dos mais fortes).[1]

Vejamos como tudo aconteceu. Aos 22 anos, Darwin embarcou no pequeno navio de exploração científica Beagle e, durante cinco anos (1831 a 1836), recolheu 1.529 espécies em frascos com álcool e 3.907 espécimes preservadas. Ele escreveu um diário de 770 páginas, no qual relatava suas experiências nos lugares por onde passou. No Brasil, visitou o Rio de Janeiro e a Bahia, extasiando-se com a biodiversidade da Mata Atlântica, embora grande parte de suas investigações tenha tido como cenário as Ilhas Galápagos, no Oceano Pacífico.

Ao retornar à Inglaterra, após a viagem do Beagle, Darwin foi amadurecendo a teoria da evolução e começou, em 1838, a escrever *A Origem das Espécies*. Ele sabia do potencial explosivo de suas ideias na ultraconservadora Inglaterra do século XIX, da qual ele próprio era um legítimo representante. Elaborar uma teoria que ia contra os dogmas da Bíblia era, para Darwin, motivo de enorme angústia.

O darwinismo, em sentido genérico, é a doutrina biológica segundo a qual as espécies se formam por sucessivas transformações de organismos anteriores. Em termos de história natural, é o parentesco fisiológico e a origem comum de todos os seres vivos. Em outras palavras: o darwinismo demonstra que a diversidade biológica é o resultado de um processo de descendência com modificação, em que os organismos vivos se **adaptam gradualmente** por meio da seleção natural e as espécies se ramificam sucessivamente a partir de formas ancestrais, como os galhos de uma grande árvore – a árvore da vida.

A publicação de *A Origem das Espécies por Via de Seleção Natural* teve o efeito de um *tsunami* na Inglaterra vitoriana. Os biólogos se viram desmentidos em suas certezas de que as espécies são imutáveis. A maioria dos cientistas acreditava que a Terra não tivesse mais de 6 mil anos de existência e que as maravilhas da natureza fossem uma manifestação da sabedoria divina. A hipótese mais aceita sobre os fósseis de dinossauros era que se tratava de criaturas que perderam o embarque na Arca de Noé e foram extintas pelo dilúvio bíblico.[2]

Ora, desde épocas remotas, o gênero humano sempre pensou em si como o ser privilegiado da criação, a quem Deus criara à imagem e semelhança. Quando o darwinismo demonstrou que nem mesmo neste insignificante Planeta o Homem dispunha de uma natureza especial, sendo antes um mero descendente do mundo animal, não poderia ser diferente a reação imediata da Igreja.

Eis aí a gota d'água que faltava: o orgulho do ser humano rebaixado, num curto espaço de poucos séculos, **de filho predileto de Deus para primo dos macacos.**

Outra razão para a desconfiança com que o darwinismo foi acolhido entre os religiosos é que essa teoria foi transformada numa arma de arremesso pelo materialismo ateu, transformando-a em argumento e oportunidade de ouro para atacar Deus e as religiões, substituindo-os por algo difuso e com poderes estranhamente miraculosos e inteligentes – o acaso!

A evolução é a pedra angular nos ensinamentos da Doutrina Espírita, devendo ser material, perispiritual, intelectual e moral. Porém, é importantíssimo frisar que, para nós, espíritas, a Teoria da Evolução não exclui a existência do Espírito, muito menos do Criador, como pretendem os evolucionistas materialistas. Mas sem embargo põe fim ao domínio teísta-criacionista que o Catolicismo e o Protestantismo impunham, ou o neocriacionismo que os protestantes tanto defendem para alijar o darwinismo.

Darwin reuniu uma quantidade impressionante de provas empíricas. A despeito disso, ainda restavam muitas questões sem respostas. Graças às ervilhas do monge agostiniano, botânico e meteorologista austríaco Gregor Mendel (1822-1884), trazendo as **leis da hereditariedade**, hoje chamadas de Leis de Mendel, que regem a transmissão dos caracteres hereditários, o processo concebido por Darwin teve comprovação científica. E, finalmente, a descoberta da dupla-hélice do DNA pelos cientistas Francis Crick (1916-2004) e James Watson (1928), em 1953, esclareceu o mecanismo por meio do qual a informação genética é transmitida através das sucessivas gerações.

Notas

1. A "sobrevivência do mais apto" talvez não seja o termo correto, pois como definir o mais apto? Outrossim, fala-se da "lei do mais forte", que, por sua vez, também é uma expressão errônea, e a teoria da evolução pela seleção natural é muito criticada por isso. Vamos dar um exemplo: em 1347, a Europa é atingida por uma terrível epidemia – a peste negra que veio da Ásia. Desencarnaram mais de uma em três pessoas. Podemos afirmar que somente os mais aptos sobreviveram? Antes de chegar a peste, pessoas que tinham a característica de "resistir à peste" talvez fossem as mais aptas. Entretanto, o ambiente muda com a chegada da peste, pois as pessoas que eram menos aptas nas condições anteriores se encontraram "mais aptas" nessa nova situação.

    Outro exemplo: na época de Darwin, os colecionadores de insetos procuravam por raros tipos de mariposa, de cor preta – a *Biston betularia*. Essas mariposas pousam em troncos das bétulas – árvore que tem casca clara. As mariposas escuras são mais facilmente vistas pelos pássaros, o que conduz a uma seleção que favorece as mariposas claras. Mais tarde, no fim do século XIX, o número de mariposas pretas aumenta, enquanto as mais claras diminuem. Ora, com o desenvolvimento da revolução industrial, os troncos das bétulas ficaram cobertos de fuligem das fumaças das fábricas. Dessa vez, as mariposas escuras foram favorecidas. E atualmente, desde que se começou a prestar mais atenção à poluição, os troncos das bétulas recuperaram sua bela cor natural, e, com efeito, as mariposas de cor clara dominam outra vez.

2. Há 66 milhões de anos, uma enorme rocha de 12 quilômetros de largura (um asteroide) despencou dramaticamente onde hoje está situada a Península de Yucatán, no México. A cratera é conhecida como *Chicxulub*. O impacto – 4,5 bilhões de vezes maior do que o da bomba de Hiroshima (50 milhões de bombas) –, levou à extinção de 75% de todas as espécies de plantas e animais da *Era Mesozoica* (*Período Cretáceo*), inclusive os dinossauros. A força da rocha teria liberado os vapores de enxofre, cloro e nitrogênio na atmosfera, que, com isso, se misturaram no ar, pro-

vocando mortais chuvas ácidas (H_2SO_4 – ácido sulfúrico). O escudo barrou a entrada de luz solar, e as nuvens deixaram o ambiente escuro, impedindo o processo de fotossíntese e causando a abrupta diminuição de temperatura, em longo e severo inverno. Resultado: os cultuados monstros sumiram do planeta Terra.

Outra tese, menos aceita no mundo científico, sobre a extinção em massa dos dinossauros é a da aparição de prolongadas erupções vulcânicas no planeta. A atmosfera terrestre teria sido escurecida e poluída com gases venenosos e asfixiantes. Milhares de quilômetros cúbicos de rocha vulcânica descobertos no Planalto de Decán, na Índia, apoiam essa hipótese.

ALFRED RUSSEL WALLACE

Alfred Russel Wallace (1823-1913), nascido em Usk (Inglaterra), foi naturalista, geógrafo, antropólogo e crítico social. Ele tornou-se notório depois de escrever uma carta, em 1858, para Charles Darwin. Esse naturalista inglês ficou muito surpreso com o conteúdo da missiva que seu compatriota havia redigido. Wallace escreveu que estava trabalhando no Arquipélago Malaio e que chegara às mesmas conclusões quanto à evolução das espécies.[1]

Melhor dizendo: Wallace resumira, de forma impecável, sem conhecer Darwin, o seu próprio trabalho desenvolvido em mais de 20 anos de pesquisa. Diante do impacto, Darwin decidiu que ambos apresentariam a Teoria da Evolução das Espécies, o que de fato aconteceu em 1º de julho de 1858, na Sociedade Lineana de Londres. Como Alfred encontrava-se no Arquipélago Malaio, seu trabalho foi lido por um dos naturalistas envolvidos no evento.

Conheceu o Espiritualismo por meio de experiências com o mesmerismo, em 1844. Mas foi no ano de 1865 que Wallace se tornou um estudioso dos fenômenos espíritas, realizando experiências com a médium britânica Mary Marshall (1842-1884), obtendo fenômenos envolvendo levitação de mesas e movimento de objetos sem contato. Salientamos que alguns encontros foram realizados em plena luz do dia.

O Espírito Vianna de Carvalho, pela psicografia do médium Divaldo Pereira Franco, na obra *À Luz do Espiritismo*, no capítulo "Metapsíquica e Mediunidade", diz:

> [...] O eminente naturalista Prof. Alfred Russel Wallace foi, na Inglaterra, o primeiro a proceder a investigações de ordem científica, atestando a realidade dos fenômenos [espíritas] através de um inquérito mandado realizar pela Sociedade Dialética de Londres.

E no capítulo "Espiritismo e Ciência – Reencarnação", do mesmo livro supracitado, afirma que:

> [...] À semelhança de Darwin, Alfred Russel Wallace baseava suas investigações evolucionistas na "seleção natural", admitindo, porém, o princípio reencarnacionista como o essencial para preencher as lacunas observadas na escala animal.
>
> Chamando a atenção dos homens de ciência para a observação e estudo dos fenômenos anímicos e espíritas, no domínio do supranormal, Wallace concorreu para que o insigne sábio William Crookes se entregasse a essa classe de estudos, e em seu gabinete surgiram as extraordinárias materializações de Katie King.

Em 1874, Wallace publicou um grande ensaio denominado *A defesa do espiritualismo moderno*, que, juntamente aos dois anteriores, foi reunido em um livro que se chamou *Milagres e o Espiritualismo Moderno*, publicado em março de 1875. Ele prosseguiu com suas publicações espiritualistas até o seu desencarne, em 7 de novembro de 1913.

Encerramos esta narrativa colocando uma frase de Wallace retirada da obra *No Invisível*, Capítulo XXI, do filósofo espiritualista León Denis:

[...] O Espiritismo está tão bem demonstrado como a lei de gravitação.

E o próprio Wallace diz, em sua obra *Milagres e o Espiritualismo Moderno*:

Quando me entreguei a essas experiências, era fundamentalmente materialista. Não havia em minha mente concepção alguma de existência espiritual. Contudo, os fatos são obstinados; venceram e obrigaram-me a aceitá-los muito tempo antes que eu pudesse admitir a sua explicação espiritual. Esta veio sob a influência constante de fatos sucessivos que não podiam ser afastados nem explicados de nenhuma outra maneira (*apud* León Denis, *Depois da Morte*, Parte Terceira, capítulo XIX).

Notas

1. Wallace permaneceu no Arquipélago Malaio por oito anos. Chegou em Singapura no mês de abril de 1854 e iniciou uma extensa exploração das ilhas em busca de espécimes diversos. Retornou à Inglaterra, de volta de sua grande viagem, em abril de 1862.

COMO EXPLICAR?

Em linhas gerais, o darwinismo baseia-se na ideia de que todas as espécies descenderem de um ancestral comum, uma forma de vida elementar e primitiva. Darwin defendeu que as espécies evoluem ao longo dos tempos, através de **variações acidentais insensíveis** (não bruscas) que são transmitidas a seus descendentes. Outrossim, ele mostrou como essas mutações vão determinar a permanência ou a extinção dessas espécies, dependendo da capacidade de *adaptação* ao meio ambiente que as envolve. Com base nessas ideias, Darwin demonstrou que o ser humano e os macacos tiveram um ancestral comum, do qual divergiram como dois ramos de uma mesma árvore, há 4 milhões de anos.

A ideia darwinista de uma *adaptação*, efetuando-se pela eliminação automática dos inadaptados, é simples e clara. Contudo, seu pensamento de que as diferenças existentes são causadas por fatores EXTERIORES à espécie, capazes de alterar-lhe o código genético, não é nem um pouco lógico, pois o darwinismo não traz uma explicação convincente do desenvolvimento progressivo e retilíneo de órgãos complexos. Ora, **uma variação acidental**, por mínima que seja, implica a ação de uma multidão de pequenas causas físicas e químicas.

Um acúmulo de variações acidentais, tal como é necessário para produzir uma estrutura complicada, exige o concurso de um número, por assim dizer, infinito de causas infinitesimais.

Como poderiam essas causas totalmente acidentais e sensíveis reaparecer tais quais, e na mesma ordem, em pontos diferentes do espaço e do tempo? Impossível. Um darwinista inveterado dirá que de causas idênticas podem sair efeitos diferentes, da mesma maneira que mais de um caminho pode conduzir ao mesmo lugar. **Ora, mas o lugar onde se chega não desenha a forma do caminho que se seguiu para lá chegar.** E mais: estamos falando de uma estrutura orgânica, que é o próprio acúmulo das pequenas diferenças que a evolução teve de atravessar para alcançá-la.

A seleção natural (sobrevivência dos mais adaptáveis) e a concorrência vital (sobrevivência dos mais fortes), fundamentos da Teoria da Evolução de Charles Darwin, não podem dar o menor auxílio à solução dessa parte do problema, porque não estamos considerando aqui o que desapareceu, mas unicamente o que se conservou. Como admitir que causas acidentais, apresentando-se em uma ordem acidental, tenham levado por várias vezes ao mesmo resultado, sendo as causas por demais numerosas e o efeito não menos complicado?

Sobre tal interrogação, o filósofo espiritualista francês Henri Bergson (1859-1941), em sua obra *A Evolução Criadora*, Capítulo I, traz um exemplo notável sobre os obstáculos que o darwinismo encontra quando tenta explicar, através de causas acidentais muito reduzidas, a gênese das espécies. Vejamos:

[...] Se dois passeantes, partindo de pontos diferentes e divagando pelo campo ao sabor da sua fantasia, acabam por se encontrar, nada há nisso que não seja comum. Mas que, assim caminhando, desenhem curvas idênticas, que se sobreponham exatamente uma à outra, é inteiramente inverossímil. A inverossimilhança será, aliás, tanto maior quanto mais complicadas forem as voltas dos caminhos percorridos. E tornar-se-á impossibilidade, se os ziguezagues dos dois passeantes forem de infinita complexidade. Ora, que é tal complexidade de ziguezagues, comparada à de um órgão em que se acham dispostas em uma certa ordem de milhares de células diferentes, cada uma das quais é uma espécie de organismo?

E continua, ainda no Capítulo I:

[...] Aceitemos como válida, de início, a tese darwinista das variações insensíveis. Suponhamos pequenas diferenças devidas ao acaso, e que se vão adicionando uma às outras. Não se esqueça de que todas as partes de um organismo se acham necessariamente condicionadas entre si. Pouco importa que a função seja o efeito ou a causa do órgão: o ponto incontestável é que o órgão só prestará serviço e só permitirá a seleção [natural], caso funcione. Se a fina estrutura da retina se desenvolver e complicar, tal progresso, em vez de favorecer a visão, irá sem dúvida perturbá-la, no caso de os centros visuais não se desenvolverem ao mesmo tempo, assim como diversas partes do próprio órgão visual.

Darwin compreendeu-o muito bem, e essa é uma das razões que o levaram a admitir as variações insensíveis. A diferença que surja, acidentalmente, em um ponto do aparelho visual, sendo muito pequena não perturbará o funcionamento do órgão; e, dessa maneira, essa primeira variação acidental pode, de certo ponto, *esperar* que se venham juntar-lhes variações acidentais que levem a visão a um grau superior de perfeição. Admitamos que assim seja. Mas se a variação insensível não perturba o funcionamento do olho, também não lhe será útil, enquanto não se tiverem dado as variações complementares; e, sendo assim, como poderia ela conservar-se por efeito da seleção [natural]?

Tal hipótese, tão pouco conforme aos princípios de Darwin, já parece difícil de evitar quando se considera um órgão que se desenvolveu em uma única linha geral de evolução, como, por exemplo o olho dos vertebrados. Mas impor-se-á totalmente se observarmos a semelhança de estrutura entre o olho dos vertebrados e o dos moluscos. Como se poderá supor, com efeito, que as mesmas pequenas variações, em número incalculável, se tenham produzido na mesma ordem de duas linhas de evolução independentes, sendo puramente acidentais? E como poderiam ter-se conservado por seleção [natural] e acumulado, em uma e na outra, as mesmas e na mesma ordem, não sendo cada uma delas, de *per si*, de nenhuma utilidade?

E no Capítulo II acrescenta:

[...] Não contestamos de forma nenhuma que a adaptação ao meio seja a condição necessária da evolução. É por demais evidente que uma espécie desaparece quando não se amolda às condições de existência que se lhe oferecem. Mas uma coisa é reconhecer que as circunstâncias exteriores são forças com as quais a evolução não pode deixar de contar, e outra coisa é afirmar que sejam elas as causas determinantes da evolução. Esta última tese é a do mecanicismo, e exclui totalmente a hipótese de um impulso originário, quero dizer, de um ímpeto interior que impulsionaria a vida, por meio de formas cada vez mais complexas, para destinos cada vez mais elevados.

[...] A verdade é que a adaptação explica as sinuosidades do movimento evolutivo, mas não as direções gerais do movimento, e muito menos o próprio movimento. O caminho que conduz à cidade tem forçosamente de escalar vertentes e descer encostas, *adapta-se* aos acidentes do terreno: mas os acidentes do terreno não são a causa da estrada, e não lhe imprimiram a sua direção. A cada momento fornecem-lhe o indispensável, o próprio solo em que se assenta. Entretanto, se considerarmos a estrada no seu todo, em vez de cada uma das suas partes, os acidentes do terreno já não aparecem senão como impedimentos ou causas de atraso, pois que a estrada tinha a cidade em vista e quereria ser uma linha reta. O mesmo se dá com a evolução da vida e as circunstâncias que ela atravessa, todavia com a diferença de a evolução não abrir uma estrada só, enveredar por caminhos que não têm um fim em vista, e permanecendo, em suma, inventiva mesmo nas suas adaptações.

Para Bergson, a vida é, desde suas origens, a continuação de um único e mesmo impulso (duração), que se dividiu em linhas de evolução divergentes. Se pudéssemos perguntar a uma linda borboleta se ela havia abolido a feia lagarta, que antes dela existia, responder-nos-ia da seguinte maneira: "Esse bicho-da-seda sou eu mesma, apenas em outra forma; essa lagarta era eu, e eu sou ela.

Todos nós – ovo, lagarta, crisálida, borboleta – somos um, pois existíamos no princípio dessa série de metamorfoses. A unidade da nossa vida essencial é permanente; as diversidades das nossas formas existenciais são transitórias; a verdade está na vida única que flui através de nós; a ilusão está nas formas vitais sucessivas que revestem e manifestam a nossa vida única".

Henri Bergson compreendeu com grande nitidez essa verdade. O *elã vital* do filósofo francês – demonstrado em seu livro *A Evolução Criadora* – está em cada ser vivo. O Humano Ser só é vivo porque nele está a Vida Universal, ainda que em forma individualizada. A onipresença de Deus está em todas as coisas por Ele criadas. Deus está em tudo e tudo está em Deus. Eis aí o monismo, e não panteísmo, que já explicamos em nosso livro *A Filosofia da História, sob a Visão Espiritual* (Editora AGE, 2019).

O MENOR NÃO "CAUSA" O MAIOR

Existe uma certa identidade entre matemática e mística. Tanto esta como aquela refletem as leis cósmicas, para além das dimensões temporais. Não se deve confundir, porém, matemática com aritmética, nem mística com misticismo.

A hipótese sobre a criatura humana ter sua descendência no animal é incompatível com a lógica e a matemática, **porque supõe que o menor possa ser a causa do maior; que o efeito possa ser maior que a causa**.

Não podemos recorrer à ideia pseudocientífica de que a potencialidade animal se tenha desenvolvido, aos poucos, em potencialidade hominal. Nenhuma matemática pode admitir que uma potencialidade 10 (animal) possa se desenvolver, por si mesma, em potencialidade 20 (hominal). Ora, **potencialidade é uma realidade em forma dormente**. Desse modo, se o 20 não está dormindo no 10, não pode sair dele.

Exemplo: um encanamento de um metro não pode conter uma tonelada de água. E se de um cano desse tamanho saísse uma tonelada de água, ou mais, então seria certo que o encanamento não é a *fonte* ou *causa* dessa tonelada de água, mas serviu apenas de *canal* ou *condição* para a saída dessa grande quantidade de água. Nesse caso, é matematicamente certo que para além do encanamento existe uma *fonte* ou *causa* cujo conteúdo flui parcialmente *através* do encanamento.

Salientamos que toda e qualquer potencialidade supõe uma potência. Se uma potencialidade 10 se transforma em potencialidade 20, é certo que a causa desse 20 não é o 10, **mas uma potência existente para além das potencialidades 10 e 20**. O menor não pode *causar* o maior, conquanto o possa *condicionar* e *canalizar*. Por essa razão, a teoria de que **o Homem tenha vindo do animal, como efeito vindo de uma causa, é matematicamente inaceitável**.

O Homem apareceu na Terra como criatura realmente hominal, embora apenas potencial, imperfeito, mas já com sua verdadeira natureza humana. **Ninguém se torna o que não é**. Um ser animal jamais se tornará um ser hominal, pois há uma diferença de essência, e não apenas de graduação, entre esses dois Reinos da Natureza.

Vejamos. Tomemos como exemplo que o Homem de hoje tem grau 20 de evolução, e o Homem primitivo tinha grau 10 de evolução. O 10 pode evoluir para 20, não por causa do 10, **mas por causa de uma potência maior que o 10 e o 20. A evolução menor só passa a uma evolução maior graças a uma potência cósmica que dirija os dois**. Já adiantando ao leitor, segundo os preceitos exarados nos ensinamentos dos Espíritos, *tal potência é o princípio espiritual*.

Muito lúcido e transparente foi o Espírito, em sua obra *Emmanuel*, Capítulo XXII, ao dizer que:

[...] Toda matéria tangível representa uma condensação de energia dessas forças sobre o planeta e essa condensação se verifica debaixo da influência organizadora do princípio espiritual, preexistindo a todas as combinações químicas e moleculares. É a alma das coisas e dos seres o elemento que influi no problema das formas, segundo a posição evolutiva de cada unidade individual.[1]

Continuemos nosso raciocínio com uma pergunta: se o menor não pode causar o maior, como acontece com uma semente que causa a planta, ou com um ovo que causa a ave? Não, semente e ovo são simples CANAIS por onde fluem as energias cósmicas que produzem a planta e a ave. A infinita potência do Universo serve-se dessas potencialidades para se manifestar. Uma semente colocada sobre a mesa não produzirá uma planta, e um ovo não dará uma ave por si mesmo.

Para que a semente dê uma planta e do ovo nasça a ave, mister se faz que eles recebam o impacto das potências cósmicas da água e da luz – ou seja, da umidade e do calor, que são os causadores da planta e da ave, ao passo que a semente e o ovo são simples *condições* ou *canais* para essa causa ou fonte cósmica.

Como a potencialidade menor não produz a potencialidade maior, não podemos, em boa lógica e matemática correta, dizer que o animal é a CAUSA do hominal – ou seja, que o Homem VEIO do animal, que a potencialidade hominal VEIO da potencialidade animal. Podemos, sim, dizer que o Humano Ser VEIO da potência cósmica, embora tenha fluído CORPORALMENTE *através* de potencialidades ou canais inferiores. Ora, o Homem resume em si todas as consciências inferiores. Cada célula não possui **sua pequena consciência**, que preside ao seu metabolismo, em cada tecido, em cada órgão?

O Espírito Áureo, em *Universo e Vida*, Capítulo XVI, notavelmente disse que:

> [...] Cada uma das trinta bilhões de células do corpo humano é não somente uma usina viva, que funciona sob o impulso de oscilações eletromagnéticas de 0,002 mm de comprimento de onda, mas, por igual, um centro emissor, permanentemente ativo, de poderosos raios ultravioleta.[2]

Diz André Luiz:

> Com o transcurso dos evos, surpreendemos as células como princípios inteligentes de feição rudimentar, a serviço do princípio inteligente em estágio mais nobre nos animais superiores e nas criaturas humanas, renovando-se continuamente, no corpo físico e no corpo espiritual, em modulações vibratórias diversas, conforme a situação da inteligência que as senhoreia, depois do berço ou depois do túmulo.
>
> [...] Temo-las [as células], desse modo – repetimos – por microscópicos motores elétricos, com vida própria, subordinando-se às determinações do ser que as aglutina e que lhes imprime a fixação ou a mobilidade indispensáveis às funções que devam exercer no mar interior do mundo orgânico... (*Evolução em Dois Mundos*, Capítulo V).

O processo evolutivo do átomo à célula, da célula ao animal pensante, significa uma degradação biológica que não é demolição, mas ascensão espiritual, porque:

[...] Existe como condição do processo genético do psiquismo (Sua Voz, *A Grande Síntese*, Capítulo LXXXV).

Mais à frente, relata Sua Voz:

[...] A degradação das formas biológicas tem a função específica de amadurecer o aparecimento das formas psíquicas (Sua Voz, *A Grande Síntese*, Capítulo LXXXV).

Darwin, como já vimos neste livro, no meio científico não foi o pioneiro da ideia sobre a evolução. O que nos chama a atenção, porém, é que, há 14 séculos, um filósofo africano havia desenvolvido magistralmente o conceito de evolução do mundo e do Homem, com a grande vantagem de ter combinado perfeitamente a Criação com a evolução, em vez de substituir uma pela outra como fazem certos darwinistas modernos. Criação e evolução, portanto, são processos complementares, e não contrários ou adversários.

Seu nome era Aurelius Augustinus (354-430), que demonstrou, com uma logicidade impecável, na sua obra *De Genesi ad Litteram* (*Do Gênesis à Carta*), a origem e a evolução do ser humano, partindo da aparente contradição entre os dois textos da Bíblia: I) as palavras do Eclesiastes de Salomão: "Deus fez tudo simultaneamente"; e II) a narração dos "seis períodos de Criação sucessiva", do *Gênesis* de Moisés.

O bispo de Hipona teve a habilidade de conciliar esses dois textos, mostrando que todas as coisas do mundo, sem excetuar o gênero humano, foram criadas *potencialmente* pela única palavra criadora de Deus, mas evoluíram *atualmente*, através dos períodos cósmicos, em virtude da **força germinadora** (consciência, princípio espiritual) que dormia nos elementos. Também o Humano Ser, diz Agostinho, estava contido na força germinadora da palavra de Deus, e se vai desenvolvendo sucessivamente até atingir a perfeição do Homem cósmico.

Ele recorre à comparação da semente e da árvore para ilustrar o seu conceito evolutivo do mundo e da criatura humana, mostrando que **a semente é a árvore em estado potencial, assim como a árvore é a semente em estado atualizado**. Defende a ideia de que o gênero humano não deriva de um suposto boneco de barro, que teria recebido subitamente o sopro divino para se tornar Homem. O filho de Mônica sabia que Deus, pela infusão do sopro divino, serviu-Se de uma *entidade viva* (de um princípio espiritual) para que, estagiando nos Reinos Inferiores da Natureza (Mineral, Vegetal e Animal), chegasse ao Reino Hominal – que atualmente nos encontramos.

Não foi provado (e jamais será) que o Humano Ser tenha vindo DO animal; a Ciência provou, apenas, que o corpo do Homem veio ATRAVÉS de corpos inferiores. A preposição *de* indica a fonte, a causa; a preposição *por* ou o advérbio *através* indicam a condição – isto é, os canais pelos quais fluiu o espírito até atingir o Reino Hominal.

Diz León Denis:

> Teria cada alma percorrido esse caminho medonho, essa escala de evolução progressiva, cujos primeiros degraus afundam-se num abismo tenebroso? Antes de adquirir a consciência e a liberdade, antes de se possuir na plenitude de sua vontade, teria ela animado os organismos rudimentares, revestido as formas inferiores da vida? Em uma palavra: teria passado pela animalidade? O estudo do caráter

humano, ainda com o cunho da bestialidade, leva-nos a supor isso.

O sentimento da justiça absoluta diz-nos também que o animal, tanto quanto o Homem, não deve viver e sofrer para o nada. Uma cadeia ascendente e contínua liga todas as criações, o mineral ao vegetal, o vegetal ao animal, e este ao ente humano. Liga-os duplamente, ao material como ao espiritual. Não sendo a vida mais que uma manifestação do Espírito, traduzida pelo movimento, essas duas formas de evolução são paralelas e solidárias.

A alma elabora-se no seio dos organismos rudimentares. No animal está apenas em estado embrionário; no Homem, adquire o conhecimento, e não mais pode retrogradar. Porém, em todos os graus ela prepara e conforma o seu invólucro. As formas sucessivas que reveste são a expressão do seu valor próprio (*Depois da Morte*, Primeira Parte, Capítulo XI).

Em outras palavras: o Homem jamais foi animal, e o animal de hoje nunca será Homem amanhã. Se um Espírito é, por sua íntima essência e natureza, intelectual e racional (cf. questão 76 de *O Livro dos Espíritos*), e se nenhum animal possui essa natureza potencialmente intelectual e racional, então é certo que jamais haverá uma *homificação* do animal, porque ninguém se torna o que não é; **nenhum ser se torna explicitamente amanhã o que não é implicitamente hoje.**

Encerramos este capítulo dizendo que Os Homens modernos, da espécie *Homo sapiens sapiens*, não evoluíram dos macacos, mas compartilham de um ancestral comum com eles. É melhor afirmar, portanto, que somos mais uma espécie da ordem dos primatas, pois compartilhamos cerca de 96% de nossos genes (ou genomas) com os chimpanzés. Mas, com 3 bilhões de pares de bases em cada genoma, isso significa que cerca de 35 milhões de letras genéticas (ou pares de bases) são diferentes.

Notas

1. O *princípio espiritual* ou *princípio inteligente do Universo*, trazido em *O Livro dos Espíritos* (questão 23), é o *élan vital* de Henri Bergson, demonstrado em sua obra *A Evolução Criadora*; é o que Teilhard de Chardin chama de *instinto, consciência e/ou psiquismo*, em seu livro *O Fenômeno Humano*; é o que Sua Voz denomina, em *A Grande Síntese* (Capítulos 65, 66 e 69), de *psiquismo animador* ou de *consciência*, trazendo, de forma *sui generis*, a correlação com o instinto.
2. O livro *Universo e Vida* foi psicografado na década de 1980. Pois bem: naquela época, a Ciência (Bioquímica) não tinha o conhecimento (o cálculo) de quantas células existem no corpo somático. Hoje (2024), porém, com a tecnologia mais avançada, estima-se que o Humano Ser possui cerca de 37 trilhões de células, em um indivíduo de 70 kg. Os glóbulos vermelhos (hemácias) possuem 80% do total das células do organismo físico, enquanto as células do cérebro correspondem a 0,6% do total.

   A quem possa interessar, o número de bactérias é maior (em quantidade), embora menor em massa (peso), do que o número de células – equivalem a 38 trilhões.

   Mas não se iluda o leitor, visto estarmos falando em números estimados, porquanto, em verdade, é impossível contar uma célula por vez, já que se fosse factível computar 100 células por segundo demoraria quase 10.000 anos para terminar.

1857 VS. 1859

Allan Kardec selecionou para a 1ª edição de *O Livro dos Espíritos*, em 1857, o ensino de que o homem não descendia do animal. Vejamos a pergunta 127:

> A alma do homem, não teria sido ela antes o princípio da vida dos últimos seres vivos da criação para chegar, por meio de uma lei progressiva, até ao homem, em percorrendo os diversos degraus da escala orgânica? Não! Não! Homens nós somos desde natos. Cada coisa progride na sua espécie e em sua essência; **o homem jamais foi outra coisa que não um homem.**

E o egrégio Codificador do Espiritismo faz uma nota explicativa, abaixo da questão 127:

> Qualquer que seja a diversidade das existências pelas quais passa nosso espírito ou nossa alma, elas pertencem todas à Humanidade; **seria um erro acreditar que, por uma lei progressiva, o homem passou pelos diferentes degraus da escala orgânica para chegar ao seu estado atual.** Assim, sua alma não pode ter sido antes o princípio da vida dos últimos seres animados da criação para chegar sucessivamente ao degrau superior: ao homem.

Porém, na 2ª edição de *O Livro dos Espíritos*, inaugurada em 18 de março de 1860, já tendo sido publicada a obra de Charles Darwin (1859), o Codificador se deu conta de que seu critério anterior houvera sido falho e, como lhe era peculiar o bom senso, adotou o novo ensino, passando então para o lado dos Espíritos que, com acuidade, deram as explicações contidas nas questões 604 a 611, que, desde já, convidamos o leitor a estudar.

Por ora, vejamos apenas a questão 607 e suas subsequentes alíneas:

> Dissestes [referindo-se à pergunta 190] que o estado da alma do homem, na sua origem, corresponde ao estado da infância na vida corporal, que sua inteligência apenas desabrocha e se ensaia para a vida. Onde passa o Espírito essa primeira fase do seu desenvolvimento? Resposta: Numa série de existências que precedem o período a que chamais Humanidade.
>
> a) Parece que, assim, se pode considerar a alma como tendo sido o princípio inteligente dos seres inferiores da criação, não? Já não dissemos que tudo em a Natureza se encadeia e tende para a unidade? Nesses seres, cuja totalidade estais longe de conhecer, é que o princípio inteligente se elabora, se individualiza pouco a pouco e se ensaia para a vida, conforme acabamos de dizer. É, de certo modo, um trabalho preparatório, como o da germinação, por efeito do qual o princípio inteligente sofre uma transformação e se torna Espírito. Entra então no período da humanização, começando a ter consciência do seu futuro, capacidade de distinguir o bem do mal e a responsabilidade dos seus atos. Assim, à fase da infância se segue a da adolescência, vindo depois a da juventude e a da madureza.
>
> **Nessa origem, coisa alguma há de humilhante para o homem.** Sentir-se-ão humilhados os grandes gênios por terem sido fetos informes nas entranhas que os geraram?

Resposta: Se alguma coisa há que lhe seja humilhante, é a sua inferioridade perante Deus e sua impotência para lhe sondar a profundeza dos desígnios e para apreciar a sabedoria das leis que regem a harmonia do Universo. Reconhecei a grandeza de Deus nessa admirável harmonia, mediante a qual tudo é solidário na Natureza. Acreditar que Deus haja feito, seja o que for, sem um fim, e criado seres inteligentes sem futuro, fora blasfemar da Sua bondade, que se estende por sobre todas as suas criaturas.

b) Esse período de humanização principia na Terra? Resposta: A Terra não é o ponto de partida da primeira encarnação humana. **O período da humanização começa, geralmente, em mundos ainda inferiores à Terra.** Isto, entretanto, não constitui regra absoluta, pois pode suceder **que um Espírito, desde o seu início humano**, esteja apto a viver na Terra. Não é frequente o caso; constitui antes uma exceção.

Bastante comedido, por se tratar de um assunto assaz elevado (e com razão o era), e por ser um indivíduo de bom senso e humildade incomuns, Allan Kardec não poderia imaginar o quanto fora feliz sua assertiva, exarada em *A Gênese*, Capítulo VI, item 19, que, desde já, expô-la-emos:

> [...] Aos que são religiosamente desejosos de conhecer e que são humildes perante Deus, direi o seguinte, suplicando-lhes para não fundar nenhuma teoria prematura acerca dessas minhas palavras: o Espírito não chega a receber a iluminação divina que lhe dá, ao mesmo tempo em que o livre-arbítrio e a consciência, a noção de seus altos destinos, sem haver passado pela série divinamente fatal dos seres inferiores, entre os quais lentamente se elabora a obra

da sua individualização; somente a partir do dia em que o Senhor lhe imprime na fronte o seu venerável tipo, o Espírito toma lugar entre as humanidades.

Joanna de Ângelis, pela psicografia de Divaldo Pereira Franco, no livro *Em Busca da Verdade*, Capítulo I, também se refere aos estágios do princípio inteligente, nos reinos inferiores da Natureza:

[...] Criado simples e ignorante, na condição de princípio inteligente, desenvolveu-se ao longo das centenas de milhões de anos atravessando as diversas fases da cristalização, da sensibilidade vegetal, da percepção instintiva animal até alcançar a consciência e a inteligência humanas.

O Espírito André Luiz, em *Evolução em Dois Mundos*, Capítulo VI, assim diz:

Com a Supervisão Celeste, o princípio inteligente gastou, desde os vírus e as bactérias das primeiras horas do protoplasma na Terra, mais ou menos quinze milhões de séculos, a fim de que pudesse, como ser pensante, embora em fase embrionária da razão, lançar as suas primeiras emissões de pensamento contínuo para os Espaços Cósmicos.

Posto isso, acabaremos este texto dizendo: Allan Kardec, em sua humildade extrema, aproveitou-se do transformismo darwiniano para voltar com o assunto; e, como já havia suporte científico, os Espíritos foram mais explícitos na questão, reformulando o que disseram anteriormente, para então afirmarem sobre a evolução do espírito através dos Reinos Inferiores da Natureza.

OS DOIS ÚLTIMOS REINOS DA NATUREZA

No Homem, indiscutivelmente, há uma superioridade animais. Basta observarmos a faculdade que cada ser humano tem de se centrar mais perfeitamente sobre si mesmo, para tomar consciência de seu próprio pensamento, em vista de uma ação livre cada vez mais adaptada. Em outras palavras: no homem há um estado de consciência que se tornou capaz de se ver e de prever a si mesmo. Ora, **pensar é não apenas saber, mas saber que se sabe**.

Os animais agem por instinto, que, por sua vez, também é limitado à necessidade de cada espécie, sob o ponto de vista da conservação, reprodução e destruição. Nos animais superiores, em que o psiquismo ainda não mudou para as formas humanas, há uma inteligência relativa, caracterizada pela descontinuidade – ou seja, o pensamento é fragmentado.

No livro *Evolução em Dois Mundos*, Capítulo XVIII, de autoria do Espírito André Luiz, lê-se:

– Dentre todos os animais superiores, abaixo do homem, qual é o detentor de mais dilatadas ideias-fragmentos?
– O assunto demanda longo estudo técnico na esfera da evolução, porque há ideias-fragmentos de determinado

sentido mais avançadas em certos animais que em outros. Ainda assim, nomearemos o cão e o macaco, o gato e o elefante, o muar e o cavalo como elementos de vossa experiência usual mais amplamente dotados de riqueza mental, como introdução ao pensamento contínuo.

Posto isso, podemos trazer a relação entre os dois últimos Reinos da Natureza, começando com a nota de Allan Kardec, em *O Livro dos Espíritos*, logo após a pergunta 613:

> É assim, por exemplo, que nem todos pensam da mesma forma quanto às relações existentes entre o homem e os animais. Segundo uns, o Espírito não chega ao período humano senão depois de se haver elaborado e individualizado nos diversos graus dos seres inferiores da Criação. Segundo outros, o Espírito do homem teria pertencido sempre à raça humana, sem passar pela fieira animal. O primeiro desses sistemas apresenta a vantagem de assinar um alvo ao futuro dos animais, que formariam então os primeiros elos da cadeia dos seres pensantes. O segundo é mais conforme à dignidade do homem e pode resumir-se da maneira seguinte: as diferentes espécies de animais não procedem intelectualmente umas das outras, mediante progressão. Assim, o espírito da ostra não se torna sucessivamente o do peixe, do pássaro, do quadrúpede e do quadrúmano. Cada espécie constitui, física e moralmente, um tipo absoluto, cada um de cujos indivíduos haure na fonte universal a quantidade do princípio inteligente que lhe seja necessário, de acordo com a perfeição de seus órgãos e com o trabalho que tenha de executar nos fenômenos da Natureza, quantidade que ele, por sua morte, restitui ao reservatório donde a tirou.

Os dos mundos mais adiantados que o nosso [cf. *O Livro dos Espíritos*, questão 188] constituem igualmente raças distintas, apropriadas às necessidades desses mundos e ao grau de adiantamento dos homens, cujos auxiliares eles são, mas de modo nenhum procedem das da Terra, espiritualmente falando. Outro tanto não se dá com o homem.

Do ponto de vista físico, este forma evidentemente um elo da cadeia dos seres vivos: porém, do ponto de vista moral, há, entre o animal e o homem, solução de continuidade.

O homem possui, como propriedade sua, a alma ou Espírito, centelha divina que lhe confere o senso moral e um alcance intelectual de que carecem os animais e que é nele o ser principal, que preexiste e sobrevive ao corpo, conservando sua individualidade.

Qual a origem do espírito? Onde o seu ponto inicial? Forma-se do princípio inteligente individualizado? Tudo isso são mistérios que fora inútil querer devassar e sobre os quais, como dissemos, nada mais se pode fazer do que construir sistemas.

O que é constante, o que ressalta do raciocínio e da experiência é a sobrevivência do Espírito, a conservação de sua individualidade após a morte, a progressividade de suas faculdades, seu estado feliz ou desgraçado de acordo com o seu adiantamento na senda do bem e todas as verdades morais decorrentes deste princípio.

Quanto às relações misteriosas que existem entre o homem e os animais, isso, repetimos, está nos segredos de Deus, como muitas outras coisas, cujo conhecimento atual nada importa ao nosso progresso e sobre as quais seria inútil insistir.

Na obra *Diário dos Invisíveis*, páginas 32 e 33, psicografada por Zilda Gama, Allan Kardec (Espírito) tece considerações bem relevantes acerca do evolucionismo darwiniano:

[...] Afirmam os transformistas que o homem teve procedência nos quadrúmanos classificados na mesma ordem que eles pertencem – a dos Primatas. Para eles, pois, o símio é o lêmure ou antropoide, isto é, a transição do irracional para o racional, o mediador entre todas as espécies zoológicas e o homem.

Aqui lhes faço, porém, as seguintes arguições:

– Como surgiram também, nesse orbe, os quadrúmanos, cujos organismos mais se assemelham aos dos bímanos? Não apareceram com a Fauna e a Flora, sem que, até o presente, os naturalistas pudessem averiguar a sua gênese?

Acha-se esta no domínio da História Natural? É admissível, *in totum*, no século XX, o sistema de C. Darwin, que assegura todos os vegetais e animais serem oriundos de uma única célula ou glóbulo, átomo vivo, produzido pela espuma das eras primitivas, ou quando assegura que o homem é o símio metamorfoseado, o nosso avoengo [antepassado] primordial?

Far-me-ão, os cépticos, a seguinte arguição:

– Como, depois de povoado o orbe terráqueo, jamais surgiu um ser que não proviesse de outro? Antes de responder-lhes, far-lhes-ei também esta interrogação?

– E vós, darwinistas, já vistes sair das selvas, no decorrer dos séculos, em que se distingue o racional do irracional, algum símio aperfeiçoado, sem pelos, com outra conformação craniana, sem mandíbulas proeminentes, articulando palavras inteligíveis, transformado em homem, enfim?

Enquanto não satisfizerdes dir-vos-ei em duas breves respostas:

1ª – Não há necessidade de recorrer-se à colonização estrangeira de um país populoso, porquanto estando a Terra totalmente habitada, não se reiterou o fenômeno já descrito, o da corporificação dos Espíritos.

2ª – Porque os elementos constitutivos dos corpos tangíveis foram absorvidos pelos perispíritos dos primeiros seres terrenos e são restituídos à Natureza, quando a matéria se decompõe ou por assimilação, isto é, por meio de permuta constante que há das moléculas componentes dos organismos vivos.

E mais adiante, nas páginas 48, 49 e 50, diz:

[...] São, pois, os símios a derradeira conta dos rosários das sucessivas existências dos irracionais, a partir dos seres microscópicos, dos zoófitos – as algas e os corais, que são a transição da Flora para a Fauna – até os que já possuem percepções mentais, memória, sentimentos afetivos, inteligência.

Realmente, nenhuma ordem zoológica tanto se identifica à criatura humana quanto eles, considerados os antropoides, o lêmure que, segundo o sistema darwinista, constitui o homem primitivo, mas que são apenas os limites dos seres inferiores.

Direis, agora, todos vós que tendes os espíritos ávidos de curiosidade de pesquisar as verdades metafísicas:

– As almas dos bugios, sendo os limites das almas dos irracionais, não evoluem? Como sendo quase ilimitados os seres que constituem o reino animal, hão de ter por finalidade um dos gêneros menos numerosos deste planeta – o dos símios?

Responder-vos-ei: os espíritos humanos aprimoram-se dentro de sua própria espécie, constituída por diferentes raças e, depois de atingirem o grau supremo – de mensageiro do Eterno, Arcanjos ou Entidades lúcidas – de posse de todas potências anímicas, tornam-se iguais, aptos para as mesmas excelsas funções psíquicas.

Assim também os espíritos dos irracionais transmigram em ordens semelhantes. O símio, neste planeta, constitui a transição do irracional para o racional, FISICAMENTE APENAS.

Bezerra de Menezes, quando encarnado, deambulou bastante sobre a Teoria da Evolução. Poderia se dizer que o Kardec brasileiro lera *Diário dos Invisíveis* (1913), de tão semelhante que é seu pensamento com o do Codificador desencarnado. No entanto, isso não é possível porque o desencarne do apóstolo brasileiro foi em 1900.

Em sua obra *A Loucura sob um Novo Prisma*, páginas 13 e 14, ele diz que:

> [...] O mais adiantado dos seres animais, se possui o que quer que seja de inteligente, que parece elevar-se ao raciocínio, não pode cultivar, como o homem. Pode, trabalhando com perseverante paciência, aprender alguma coisa que não é natural à sua espécie: mas isso que aprende, e que guarda à força de hábito, não é capaz de transmitir aos de sua raça – a animal algum.
>
> Vemo-los praticar obras tão admiráveis como não as faz o homem: mas não é obra de sua inteligência, é função natural. Tanto que todos os da sua espécie as fazem,

e nenhum pode fazê-los melhor que o outro – e todos fazem-nas hoje tão bem como as fizeram desde o princípio – fá-las-ão até o fim dos tempos.

O Espírito que assumiu a personalidade de Pedro de Alcântara (Dom Pedro II) também escreve através de Zilda Gama, em *Diário dos Invisíveis*, páginas 56 e 57, assim dizendo:

[...] Não, o Onipotente não criaria, propositadamente, a alma humana, destituída de inteligência inerte, inconsciente, impura, tendo por primitivo invólucro material um minério, porque permaneceria por um tempo ilimitado sepulta nos abismos da Terra, sem nenhum progresso, insensível, alheia a qualquer manifestação de emotividade. Não lhe daria, tão pouco, por guarida um vegetal ou um irracional, porque não evoluiria, visto como não praticaria ações meritórias voluntárias, ficaria estacionária, sujeita unicamente aos instintos, à sensibilidade orgânica, obedecendo apenas aos impulsos naturais, perpetuando atos nocivos com inconsciência, desconhecendo, em milênios, a existência do Criador, os deveres para com Ele e o nosso próximo. As feras não domesticadas são agora como o eram outrora: cruéis, desprovidas de senso e de sentimentos generosos.

[...] Nenhum deles adquire méritos morais suficientes para que mereçam transmigrar para a humanidade. Nos irracionais, e, se não o fosse, Deus não permitiria que os homens os massacrassem impunemente para os ingerir. Seria passível das leis divinas quem interrompesse a vida de um irracional, considerado um crime abominável a separação voluntária da partícula deífica de um organismo para o triturar, tanto quanto o é a antropofagia [ato de comer carne humana] ou o homicídio.

[...] Teríamos, enfim, de chegar à conclusão [e que triste conclusão] de que Ele [Deus, o Criador] elabora propositalmente imperfeitos os espíritos, ineptos, votando-os à dor, compelindo-os a percorrer uma senda sem progresso apreciável para galgar uma longa escala cujos degraus se distanciam infinitamente um dos outros, sujeitando-os a quedas tremendas e inevitáveis, passando-os, depois, para o gênero humano, sem ter adquirido melhoria alguma, antes impregnados de sentimentos e instintos impuros, como o são os dos seres inferiores, em geral.

Mais uma vez traremos o mestre lionês. Agora, na página 64 de *Diário dos Invisíveis*:

[...] Ora, o que se dá nas coletividades humanas nunca foi verificado nas outras ordens zoológicas – todos os animais de uma mesma espécie apresentam um só tipo, possuem, secularmente, as mesmas aptidões, não demonstrando nunca aprendizagem de uma existência anterior. Qual o mérito, pois, adquirido, para transmigrarem para os primatas *hominorum* – futuro mensageiro sideral, com potenciais que revelam sua origem divina? O inverso sempre se apresenta no seio das populações civilizadas. Um silvícola americano ou australiano, tirado do âmago das florestas, educado convenientemente, torna-se cortês, as suas faculdades mentais acusam logo desenvolvimento apreciável, deixa de devorar carne crua, os instintos grosseiros são modificados visivelmente, ao passo que o jaguar, o leão, a hiena, enjaulados, só atenuam a sua ferocidade por meios dos castigos físicos e privação de alimentos, mas nunca os seus domadores podem neles confiar nem garantir sua domesticidade.

O Espírito Emmanuel, pela mediunidade de Francisco Cândido Xavier, na obra *Emmanuel*, Capítulos XVII e XXIV, faz uma abordagem *sui generis*, com um poder de síntese como poucos, sobre a evolução dos animais, associando-a aos Reinos da Natureza:

> [...] Eminentes naturalistas do mundo, como Charles Darwin, vislumbram grandiosas verdades, levando a efeito preciosos estudos, os quais, aliás, se prejudicaram pelo excessivo apego à ciência terrena, que se modifica e se transforma, com os próprios homens.
>
> E, dentro das minhas experiências, posso afirmar, sem laivos de dogmatismo, que oriundos na flora microbiana, em séculos remotíssimos, não poderemos precisar onde se encontra o acume as espécies ou da escala dos seres, no pentagrama universal. E, como o objetivo desta palestra é o estudo dos animais, nossos irmãos inferiores, sinto-me à vontade para declarar que todos nós já nos debatemos no seu acanhado círculo evolutivo. São eles os nossos parentes próximos, apesar da teimosia de quantos persistem em o não reconhecer.
>
> Considera-se, às vezes, como afronta ao gênero humano a aceitação dessas verdades. E pergunta-se como poderíamos admitir um princípio espiritual nas arremetidas furiosas das feras indomesticadas, ou como poderíamos crer na existência de um rio de luz divina na serpente venenosa ou na astúcia traiçoeira dos carnívoros. Semelhantes inquirições, contudo, são filhas de entendimento pouco atilado. Atualmente, precisamos modificar todos os nossos concei-

tos acerca de Deus, porquanto nos falece autoridade para defini-lo ou individualizá-lo. Deus existe.

[...] Algumas objeções científicas têm sido apresentadas à teoria irrefutável do corpo espiritual preexistente, destacando-se entre elas, por mais digna de exame, a hereditariedade, a qual somente deve ser ponderável sob o ponto de vista fisiológico. Todos os tipos de reino mineral, vegetal, animal, incluindo-se o Hominal, organizam-se segundo as disposições dos seus precedentes ancestrais, dos quais herdam, naturalmente, pela lei das afinidades, a sua sanidade ou os seus defeitos de origem orgânica, unicamente.

De todos os estudos referentes ao assunto, em vossa época, salienta-se a teoria darwiniana das gêmulas, corpúsculos infinitesimais que se transmitem pela vida seminal aos elementos geradores, contendo na matéria embrionária disposição de todas as moléculas do corpo, as quais se reproduzem dentro de cada espécie. A maioria das moléstias, inclusive a dipsomania [impulso ininterrupto e irresistível de ingerir bebidas alcoólicas], é transmissível; porém, isso não implica um fatalismo biológico que engendre o infortúnio dos seres, porque inúmeros Espíritos, em traçando o mapa do seu destino, buscam, com o escolher determinado instrumento, alargar as suas possibilidades de triunfo sobre a matéria, como um fato decorrente das severas leis morais, que, como no ambiente terrestre, prevalecem no mundo espiritual, o que não nos cabe discutir neste estudo.

Não obstante a preponderância dos fatores físicos nas funções procriadoras, é totalmente inaceitável e descabido o atavismo psicológico, hipótese aventada pelos desconhecedores da profunda independência da individualidade espiritual; hipótese que reveste a matéria de poderes que nunca ela possuiu em sua condição de passividade característica.

Reconhecendo-se, pois, a veracidade da argumentação de quantos aceitam a hereditariedade fisiológica nos fenômenos da procriação, representando cada ser o organismo que provém por filiação, afastemos a hipótese da hereditariedade psicológica, porquanto, espiritualmente, temos a considerar, apenas, ao lado da influência ambiente, a afinidade sentimental.

Pois bem. Findamos este texto assim dizendo: o animal *sabe*, pois tem CONSCIÊNCIA DE SER, mas permanece fechado para ele todo um domínio do Real. O Homem, entretanto, *sabe que sabe*, porquanto tem CONSCIÊNCIA DE SI, e move-se no Real. Eis aí o limiar intransponível que separa o Reino Animal do Reino Hominal. Não somos **apenas diferentes dos animais, mas outros**. Temos **o senso moral**. Desse modo, não há simplesmente uma *mudança de grau*, mas *mudança de natureza*, que, por sua vez, resulta de uma *mudança de estado* (de *infraestrutura*) suficientemente importante para fazer surgir um conjunto qualitativo diferente, já que o pensamento não é mais, como nos animais, somente uma auréola do somático; torna-se parte apreciável e principal do fenômeno humano.

O ELO PERDIDO

Eis aqui uma grande questão: onde ocorre (ou ocorreu) a ascensão do psiquismo que, a seu turno, encontrava-se na forma de vida animal? E mais: no caso da ontogênese humana, em que momento se pode dizer que o recém-nascido acede à inteligência, torna-se pensante? Ora, o pensamento não é mais somente uma auréola do somático. Sendo assim, não é o acesso ao pensamento, na ontogênese humana, a representação de um limiar biologicamente novo?

O Codificador do Espiritismo ensaiou o tema em *A Gênese*, Capítulo XI, dizendo que:

> [...] Sob a influência e por efeito da atividade intelectual de Espíritos mais adiantados [que os antropoides], o envoltório se modificou, embelezou-se nas particularidades, conservando a forma geral do conjunto. Melhorados os corpos, pela procriação, deu-se origem a uma espécie nova, que pouco a pouco se afastou do tipo primitivo, à proporção que o Espírito progrediu.

Diz León Denis:

> [...] Teria cada alma percorrido esse caminho medonho, essa escala de evolução progressiva, cujos primeiros degraus afundam-se num abismo tenebroso? Antes de

adquirir a consciência e a liberdade, antes de se possuir na plenitude de sua vontade, teria ela animado os organismos rudimentares, revestido as formas inferiores da vida? Em uma palavra: teria passado pela animalidade? O estudo do caráter humano, ainda com o cunho da bestialidade, leva-nos a supor isso.

O sentimento da justiça absoluta diz-nos também que o animal, tanto quanto o homem, não deve viver e sofrer para o nada. Uma cadeia ascendente e contínua liga todas as criações, o mineral ao vegetal, o vegetal ao animal, e este ao ente humano. Liga-os duplamente, ao material como ao espiritual. Não sendo a vida mais que uma manifestação do Espírito, traduzida pelo movimento, essas duas formas de evolução são paralelas e solidárias.

A alma elabora-se no seio dos organismos rudimentares. No animal está apenas em estado embrionário; no homem, adquire o conhecimento, e não mais pode retrogradar. Porém, em todos os graus ela prepara e conforma o seu invólucro (*Depois da Morte*, Segunda Parte, Capítulo XI).

Retiramos um texto de Emmanuel do livro *Os Exilados da Capela*, Capítulo IV, cuja psicografia, através do médium Francisco Cândido Xavier, no ano de 1937, traz informações relevantes:

Amigos, que a paz de Jesus descanse sobre vossos corações. Segundo estudos que pude efetivar em companhia de elevados mentores da espiritualidade, posso dizer-vos francamente que todas **as formas vivas da natureza estão possuídas de princípios espirituais. E princípios que evoluem da alma fragmentária até à racionalidade do**

homem. A razão, a consciência, "a noção de si mesmo" constituem na individualidade a súmula de muitas lutas e de muitas dores, em favor da evolução anímica e psíquica dos seres.

O processo, portanto, da evolução anímica se verifica através de vidas cuja multiplicidade não podemos imaginar, nas nossas condições de personalidades relativas, vidas essas que não se circunscrevem ao reino hominal, mas que representam o transunto das mais várias atividades em todos os reinos da natureza.

Todos aqueles que estudaram os princípios de inteligência dos considerados absolutamente irracionais, grandes benefícios produziram, no objetivo de esclarecer esses sublimes problemas, do drama infinito do nosso progresso pessoal.

O princípio inteligente, para alcançar as cumeadas da racionalidade, teve de experimentar estágios outros de existência nos planos de vida. **Os protozoários são embriões de homens, como os selvagens das regiões ainda incultas são os embriões dos seres angélicos. O Homem, para atingir o complexo de suas perfeições biológicas na Terra, teve o concurso de Espíritos exilados [do orbe da Capela] de um mundo melhor para o orbe terráqueo, Espíritos esses que se convencionou chamar de componentes da raça adâmica, que foram em tempos remotíssimos desterrados para as sombras e para as regiões selvagens da Terra, porquanto a evolução espiritual do mundo em que viviam não mais a tolerava, em virtude de suas reincidências no mal.** O vosso mundo era então povoado pelos tipos do "Primata hominus", dentro das eras da caverna e do sílex, e essas legiões de homens singulares, pelo seu assombroso e incrível aspecto, se aproximavam bastante do "Pithecanthropus erectus", estudado pelas vossas ciências modernas como um dos respeitáveis ancestrais da Humanidade.

Foram, portanto, as entidades espirituais a que me referi que, por misericórdia divina e em razão das novas necessidades evolutivas do planeta, **imprimiram um novo fator de organização às raças primigênias, dotando-as de novas combinações biológicas, objetivando o aperfeiçoamento do organismo humano.**

Os animais são os irmãos inferiores dos homens. Eles também, como nós, vêm de longe, através de lutas incessantes e redentoras e são, como nós, candidatos a uma posição brilhante na espiritualidade. Não é em vão que sofrem nas fainas benditas da dedicação e da renúncia, em favor do progresso dos homens.

Seus labores, penosamente efetivados, terão um prêmio que é o da evolução na espiritualidade gloriosa. Eles, na sua condição de almas fragmentárias no terreno da compreensão, têm todo um exército de protetores dos planos do Alto, objetivando a sua melhoria e o amplo desenvolvimento de seu progresso, em demanda do reino hominal.

Em se desprendendo do invólucro material, encontram imediatamente entidades abnegadas que os encaminham na senda evolutiva, de maneira que a sua marcha não encontre embaraços quaisquer que os impossibilitem de progredir, como se torna necessário, operando-se sem perda de tempo a sua reencarnação.

Qual a forma animal que se acha mais vizinha do Homem?

O macaco, tão carinhosamente estudado por Darwin nas suas cogitações filosóficas e científicas, é um parente próximo das criaturas humanas, falando-se fisicamente, com seus pronunciados laivos de inteligência; **mas a promoção do princípio espiritual do animal à racionalidade humana se processa fora da Terra, dentro de condições e aspectos que não posso vos descrever, dada a ausência de elementos analógicos para as minhas comparações**. E que Jesus nos inspire, esclarecendo as nossas mentes em face de todas as grandiosidades das leis divinas, imperantes na Criação.

Na obra *Diário dos Invisíveis*, página 68, Allan Kardec (Espírito) aprimora a resposta, informando que:

[...] Não é o espírito dos irracionais suscetível de progresso como o humano, neste planeta. [...] Quando é extinta uma espécie animal na Terra, os espíritos que animaram seus espécimes se incorporam em outros planetas, em condições mais favoráveis em que se achavam neste. Adiantam-se, pois; adquirem percepções variadas; deixam de ser irracionais; apuram os instintos e os sentimentos; perdem a ferocidade; transmitem facilmente suas ideias, uns aos outros, por meio de uma linguagem aqui desconhecida; convertem-se em auxiliares voluntários, ativos e inteligentes, das entidades humanas evoluídas.

O Espírito Josepho, em *O Alvorecer da Espiritualidade*, página 68, psicografia de Dolores Bacelar (1914-2006), corrobora e completa o que disse Kardec (em Espírito), ao afirmar:

[...] Mas desde a primeira época, vinha ele, em seus princípios espirituais, evoluindo até à racionalidade, através do percurso pelos múltiplos setores dos quatro Reinos da Natureza. O processo dessa promoção evolutiva de animal a homem, que a Ciência busca na Terra, efetua-se – após etapas nos demais reinos pelos séculos afora – no Espaço. Como? Não podemos explicar, dada a falta de elementos sobre os quais nos pudéssemos basear matematicamente, tão complexo é esse processo em suas condições e aspectos. Adiantamos, por hora, que ele se opera fora da Terra.

E em outra obra de sua autoria, *Veladores da Luz*, no capítulo intitulado "A Lei do Livre Arbítrio", lê-se que a transmudação do reino animal para o reino hominal:

[...] Não se faz no ventre da Matéria, mas em mundos "ad-hoc", nas Regiões mais amplas do Além, sob a Ação energética e heliocêntrica do Sol divino. Lá, no Antinodo, no qual se processa a metamorfose gradativa, não só das Espécies terrestres como as de todo o Universo. É graças a essa Esperança e Certeza – elos a nos unir a Divindade – que nos firmamos e nos apoiamos em nosso Evoluir. A Verdade, é uma conquista, não experiência dolorosa. Um dia ela será comum a todos, e todos sentirão como bênção plena de Amor e Justiça.

E boquiabertos ficamos com a resposta do Espírito Teresa de Lisieux, em sua notável e reveladora obra *Mundos Habitados no Sistema Solar*:

Pergunta 53. No Sistema Solar, quais são os astros que, atualmente, acolhem Espíritos na fase inicial de Humanidade?

Respostas. **Alguns satélites que compõem o conjunto de Júpiter acolhem Espíritos em fases primitivas de Humanidade.** Seguindo o fluxo natural de mudanças, em momento futuro ocuparão a posição diversa, ainda junto ao orbe a que se vinculam, contando com as condições adequadas para a evolução e progresso desses Espíritos.

De mais a mais, ela assevera:

[...] Haumea [planeta anão, descoberto em 2003] está próximo de completar os processos para acolhimento da Humanidade, sendo supervisionado pelos Espíritos que conduzem os fenômenos naturais e que amparam os futuros habitantes, **agora em processos de transformação**. No Sistema Solar não há outro planeta anão, dentre os mencionados [Ceres, Plutão, Makemake e Éris], que agrupe as mesmas características (*Mundos Habitados do Sistema Solar*, Capítulo XIV, pergunta 456).

[...] Éris [planeta anão] também se prepara para receber habitantes na condição humana, devendo seguir Haumea nesse importante passo para o aperfeiçoamento (*Mundos Habitados do Sistema Solar*, Capítulo XIV, pergunta 459).

HOMO IGNORAMUS

O processo de mudanças que originou os seres humanos e **os diferenciou como uma espécie** (*Homo sapiens*) demorou cerca de 5 milhões de anos. Nós fazemos parte de um grupo dos primatas – gorila, chimpanzé, orangotango – e somos antropoides (do grego *anthropos*, "homem", e *eidés*, "aspecto ou forma de", "semelhante a") – ou seja, caracterizados, sobretudo, pela ausência de cauda e por sermos bípedes. De acordo com o pensamento evolucionista atual, **macacos e seres humanos tiveram um ancestral comum, a partir do qual evoluíram independentemente.**

Não faz muito que os paleontologistas descobriram restos fósseis de aproximadamente 30 ou mais espécies de hominídeos – ou seja, de espécies entre humanos e chimpanzés.

Em 1924, o professor australiano de anatomia Raymond Dart (1892-1988), que trabalhava na África do Sul, descobriu o primeiro fóssil de hominídeo africano importante – o *Australopithecus africanus*, que apareceu pela primeira vez há cerca de 3 a 2,5 milhões de anos. Esse símio pode ser considerado o primeiro hominídeo. Após essa descoberta, mais e mais fósseis da **família dos hominídeos** começaram a aparecer na África. Em 1974, na Etiópia, o paleoantropólogo norte-americano Donald Johanson (1943) descobriu 40% do esqueleto de outra espécie de australopiteco – o *Australopithecus anamensis*, datado de cerca de 4,2 a 3,9 milhões de anos. Esse esqueleto foi batizado de "Lucy". O **gênero australopiteco** foi a primeira forma humana a caminhar em posição ereta sobre duas pernas e, portanto, com as mãos livres. Representando o tronco dos primatas superiores, desapareceu ulteriormente, sem evoluir e sem deixar vestígios.

Já os primeiros fósseis atualmente classificados dentro do nosso gênero *Homo* pertencem a uma espécie conhecida como *Homo habilis*, que viveu no leste da África entre 2,5 e 1,5 milhão de anos atrás. O cérebro mais desenvolvido (500 a 700 cm^3), as mudanças anatômicas e o desenvolvimento da técnica de uso de pedra contribuíram para o sucesso da espécie, **que ficou conhecida como criadora de ferramentas**. O *Homo habilis* alimentava-se de carnes, mas não era capaz de caçar com recursos próprios. Ele desenvolveu os primeiros sinais de linguagem.

Foi encontrada em Java, no ano de 1891, pelo paleoantropólogo holandês Eugène Dubois (1858-1940), uma espécie de hominídeo que possuía um cérebro maior (900 cm$^{3)}$ – o *Homo erectus*. Essa espécie fazia ferramentas de pedra mais sofisticadas e explorava uma gama maior de ambientes. O *Homo erectus*, cerca de 1,8 milhão de anos atrás, foi o primeiro hominídeo a emigrar da África, povoar, em pouco tempo, grande parte da Europa e chegar à China e à ilha de Java, no Extremo Oriente.

Em 1908, perto de Heidelberg, na Alemanha, um trabalhador encontrou fósseis de uma espécie de hominídeo até então desconhecida. Somente depois o antropólogo alemão Otto Schoentensack cunhou-o de *Homo heidelbergensis*. Possuía uma grande sobrancelha e uma base de cérebro maior e uma face mais plana. Foi o primeiro hominídeo a viver em climas mais frios; seu corpo curto e largo provavelmente era uma adaptação à economia de calor. Também foi o primeiro a caçar rotineiramente grandes animais e a construir abrigos, criando habitações simples de madeira e pedra.

Descendente do *Homo heidelbergensis*, surge o *Homo neanderthalensis*, há 300.000 anos. Essa espécie habitou a Europa, o norte da Eurásia (Rússia), Gibraltar (nas fileiras das cavernas à beira mar chamadas *Gorhan*, com evidências de pelo menos 125.000 anos e de que a espécie usou as cavernas há até 40.000 anos). Os *Homo neanderthalensis* foram os primeiros humanos a adaptar-se ao clima extremo da era glacial, realizar funerais (com flores) e prestar cuidados a indivíduos enfermos. Alimentavam-se de carne e, também, de plantas. A capacidade craniana deles está entre 1.350 e 1.700 cm^3, e a média fica em cerca de 1.400 e 1.450 cm^3. Ora, essa é a capacidade média do crânio do Homem moderno. Não há, na evolução humana, rosto (incluindo nariz) maior que o dos *neanderthalensis*. O lugar onde encontraram os restos (esqueletos) de dez *neanderthalensis* (homens, mulheres e crianças), datados de 35 mil a 65 mil anos, foi a Caverna de Shanidar (ou Xanidar) – um sítio arqueológico localizado no Oriente Médio, na montanha Bradoste, no Curdistão iraquiano, a nordeste do Iraque, cujas últimas escavações foram feitas entre 1951 e 1960 pelo arqueólogo americano Ralph Solecki (1917-2019).

A quem possa interessar, no Museu de História Natural da Croácia, na cidade de Zagreb (capital), há uma coleção chamada *Krapina*, a maior vindo de um único sítio, com mais de 80 fragmentos relacionados ao *Homo neanderthalensis* (arcaria dentária, mandíbulas, ossos cranianos, tíbias, fíbulas, etc.), datados de 130 mil anos. Há fortes indícios de serem canibais, conquanto não se saiba o motivo de tais ritos em consumirem ossos dos entes queridos que os antecediam.

Foram encontrados na Gruta de Bruniquel (cidade no sul da França) estruturas que, depois de serem analisadas, obtiveram seis amostras que datam precisamente 176.500 anos. E nessa época só havia *neanderthalensis*. Portanto, Bruniquel é a construção mais antiga que podemos ver no mundo, com círculos enigmáticos, e não existem respostas de por que tais estruturas estão nessas cavernas. Uma coisa, porém, é certa: ali eles faziam fogo.

Por fim, chegamos à nossa espécie, cuja primeira evidência, na África, data de 200.000 anos atrás – *Homo sapiens*. Sua classificação sistemática ou taxionômica é a seguinte: reino – Animalia (animais); filo – Vertebrata (vertebrados); classe – Mammalia (mamíferos); ordem – Primates (primatas); superfamília – Hominoidea (hominoides ou antropoides); família – Hominidae (homínidas ou hominídeos); subfamília – Homininae (hominíneos, hominianos ou antropianos); gênero – *Homo* (Homem); espécie – *Sapiens* ou *Anthropus* (*antropo*).[1]

Não há consenso entre os cientistas a respeito da expansão do *Homo sapiens* pelo mundo. Para uns, da África, em sucessivas ondas migratórias, o *Homo sapiens* arcaico teria chegado à Europa, à Ásia (central e oriental), à Índia e à Austrália, extinguindo os *neanderthalensis*. Há 50 mil anos, aproximadamente, **várias espécies diferentes de**

hominídeos cruzavam as savanas da África e da Eurásia ao mesmo tempo. As diferenças anatômicas entre as raças teriam sido originadas nos últimos 40 mil anos. E, por fim, somente há 30 mil anos:

> [...] O Homem [*sapiens*] entrou no mundo sem ruído (Teilhard de Chardin, *O Fenômeno Humano*, Parte III, Capítulo I, item 1).

Ou seja, apenas um único tipo de Homem começou a subsistir sobre a Terra – o *Homo sapiens*. O desaparecimento de outras espécies de hominídeos, à medida que nós tomamos mais terras e recursos, é sinal de nossa singular capacidade de adaptação em ambientes extremos.

Por sua vez, alguns especialistas consideram que não houve tais migrações – ou seja, os humanos modernos teriam evoluído mais ou menos simultaneamente nas principais regiões do planeta Terra. Ficamos com essa teoria. Vejamos o que diz *O Livro dos Espíritos*, na pergunta 53:

> O homem surgiu em muitos pontos do globo?
> Sim e em épocas várias, o que também constitui uma das causas da diversidade das raças. Depois, dispersando-se os homens por climas diversos e aliando-se os de uma aos de outras raças, novos tipos se formaram.

O Espírito Emmanuel, na obra *O Consolador*, Capítulo II, também corrobora a teoria da evolução simultânea, ao dizer que:

> [...] No período terciário, sob a orientação das esferas espirituais, notavam-se algumas raças de antropoides, no Plioceno inferior [de 5,3 milhões a 1,6 milhão de anos]. Esses

antropoides, antepassados do homem terrestre, e os ascendentes dos símios que ainda existem no mundo, tiveram a sua evolução em pontos convergentes, e daí os parentescos sorológicos entre o organismo do homem moderno e o do chimpanzé da atualidade.

[...] As forças espirituais que dirigem os fenômenos terrestres, sob a orientação do Cristo, estabeleceram, na época da grande maleabilidade dos elementos materiais, uma linhagem definitiva para todas as espécies, dentro das quais o princípio espiritual encontraria o processo de seu acrisolamento, em marcha para a racionalidade.

[...] Os antropoides das cavernas espalharam-se, então, aos grupos, pela superfície do globo, no curso vagaroso dos séculos, sofrendo as influências do meio e formando os pródromos das raças futuras em seus tipos diversificados; a realidade, porém, é que as entidades espirituais auxiliaram o homem do sílex, imprimindo-lhe novas expressões biológicas. Extraordinárias experiências foram realizadas pelos mensageiros do invisível. As pesquisas recentes da Ciência sobre o tipo de Neanderthal, reconhecendo nele uma espécie de homem bestializado, e outras descobertas interessantes da Paleontologia, quanto ao homem fóssil, são um atestado dos experimentos biológicos a que procederam os prepostos de Jesus, até fixarem no "primata" os característicos aproximados do homem futuro.

Os séculos correram o seu velário de experiências penosas sobre a fronte dessas criaturas de braços alongados e de pelos densos, até que um dia as hostes do invisível operaram uma definitiva transição no corpo perispiritual preexistente, dos homens primitivos, nas regiões siderais e em certos intervalos de suas reencarnações. Surgem os primeiros selvagens de compleição melhorada, tendendo à elegância dos tempos do porvir.

O Espírito Áureo, na obra *Universo e Vida*, Capítulo VI, traz informações inusitadas sobre a teoria da evolução. Vejamo-las:

[...] Foi há cerca de quinhentos milênios que encarnaram neste orbe os primeiros Espíritos conscientes, embora muito primitivos, em fase de incipiente desenvolvimento. De pensamento ainda inseguro e habitando corpos animalescos, mas direta e carinhosamente amparados pelas falanges espirituais do Cristo Divino, tiveram de aperfeiçoar, pouco a pouco e com enormes dificuldades, o seu próprio perispírito e os seus veículos carnais de manifestação, submetidos a longo e áspero transformismo evolutivo, tanto quanto a própria natureza terrestre, ainda em difíceis processos de ajustamento e consolidação. A Antropologia moderna e a moderna Paleontologia registram, como marcos desse transformismo, primeiro o chamado *Pithecanthropus [Homo] erectus*, depois dele o *Sinanthropus pekinensis*, que já usava o fogo e instrumentos de pedra e de madeira, o *Homo heidelbergensis*, seguido pelo *Homo neanderthalensis* e pelo *Homem de Cro-Magnon* [da espécie *Homo sapiens*, apareceu na Europa] que viviam em grupos e em cavernas, aprenderam a pintar e a fazer toscas esculturas [desenvolvendo técnicas de caça em grupo: caçavam animais grandes com armadilhas].

Foi somente há cerca de quarenta milênios, quando os selvagens descendentes dos primatas se estabeleceram na Ásia Central e depois migraram, em grandes grupamentos, para o vale do Nilo, para a Mesopotâmia e para a Atlântida, que surgiu no mundo o *Homo sapiens*, resultado da encarnação em massa, na Terra, dos exilados da Capela, cuja presença assinalou, neste planeta, o surgimento das raças adâmicas.[2]

Hoje, nos julgamos os reis da Criação. Já nos julgávamos assim muito antes de termos conseguido, por nosso próprio esforço, voar ao redor do mundo nas asas de um avião. Julgávamos-nos semideuses, mesmo antes de podermos falar com nossos semelhantes que habitavam o outro lado do globo. Desintegramos o átomo e conseguimos examinar o mundo subatômico. Conhecemos as leis que governam o macrocosmo formado pelo Sol, pela Lua, pelos planetas e pelas estrelas. Sustentamos a ideia de que, por milhões e milhões de anos, evoluímos de um protozoário unicelular, subindo toda a longa escala animal até nossa condição de *Homo sapiens*.

Perguntar-se-ia: mas como estamos em termos de evolução moral? O Espírito J.T. – assim ele assina a mensagem espiritual no prefácio do livro *Semeando e Colhendo* – traz à tona o assunto, demonstrando que nossa condição é de *Homo ignoramus*. Vejamos:

[...] Se evoluiu o homem, pergunta-me você? Morava, antigamente, em cavernas de pedras; hoje habita elegantes arranha céus. A mulher do vizinho apanhava pelos cabelos e era arrastada pelas sebes espinhentas da era paleolítica; hoje faz a mesma coisa, usando coruscantes veículos de locomoção. Matava a tacape, de frente e berrando; no século XX, ataca à traição, empunhando arma de fogo automática e silenciosa. Outrora, fazia o delinquente estrebuchar na corda tesa da forca provinciana, após ligeiro conluio de um juízo sonso; agora, põem-no amarrado à lúgubre cadeira elétrica e ainda recorrem ao invento de Thomas Edson, torrando o infeliz para gáudio de sádica assistência.

A velhacaria humana ainda é a mais séria competição à matreirice [manha] da raposa, à covardia da hiena ou à traição da serpente. Matam-se milhões de seres de todas as raças e credos, e depois atribui-se essa resolução cretina aos deuses de vária ordem. Aqui, Jeová, feroz e racista, sanciona imoralidades e cruezas bíblicas; ali, Maomé defende Allah, pregando a tolerância no massacre sangrento aos infiéis; acolá, Brahma protege a casta sacerdotal e a aristocracia hindu, mas escorraça os párias para os monturos de lixo.

O Deus dos católicos patrocina a "Noite de São Bartolomeu", nas punhaladas dos huguenotes hereges ou, então, paraninfa a queima dos judeus e de mouros nas fogueiras da Inquisição, divertimento macabro concedido aos padres pelo Rei da Espanha, Felipe II, um sacripanta [patife, mau-caráter] digno de ser torrado no primeiro braseiro. Só os católicos? Não! Os protestantes, por sua vez, também trucidaram hereges e feiticeiros nas terras do Novo Mundo, com o "santo intuito" de limpar cracas e detritos para candidatá-los ao Paraíso. Aliás [o médico e filósofo aragonês, humanista], Miguel Servet foi queimado por Calvino [protestante francês] em Basileia [na atual Suíça].

Se evoluiu o Homem? Matava colericamente sob as hordas [bando indisciplinado] ferozes de Júlio César, Alarico, Átila, Gengis-Can, Napoleão, abrindo crânios inimigos à custa de bordoadas; mais tarde, atirava em crianças, velhos e mulheres indefesas, socando pólvora nas espingardas de museu. Sem dúvida, a criatura humana progrediu consideravelmente no tocante à exigência sanitária em matar; ora, basta observarmos a corja de Hitler gaseificando judeus nos fornos dos campos de concentração de Dachau, Belsen, Auschwist ou Buchenwald. Parece-nos que o "bicho homem" não evoluiu moralmente. Ingressou, sim, atabalhoadamente [precipitado] na civilização. Entrou de contrabando, sem a devida promoção ou autorização dos agentes de fronteiras.

[...] A morte corpórea é apenas reajuste à vida imortal, mostrando-nos as burrices feitas na carne. As comendas de ferro, os diplomas de papel, faiscando no dedão acadêmico, são apetrechos usados no mundo, em um "faz de conta" infantil, e que a morte física, um dia, intromete-se acabando com o brinquedo. O Além é o chuveiro que tira a "craca" das ilusões humanas, limpando o cidadão do pó do mundo que ele junta na sua espiada ilusória, através do corpo carnal.

Pedindo vênia ao paciente leitor, não poderíamos deixar no ostracismo a notável obra do maior filósofo espiritualista do século XIX, León Denis, em que se lê:

Do exame precedente resulta que dois sistemas contraditórios e inimigos dividem atualmente o mundo do pensamento. Sob esse ponto de vista, a nossa época é de perturbação e transição. A fé religiosa entibia-se e as grandes linhas da Filosofia do futuro não aparecem senão a uma minoria de pesquisadores.

Certamente, a época em que vivemos é grande pela soma dos progressos realizados. A civilização hodierna, potentemente aparelhada, transformou a face da Terra; aproximou os povos, suprimindo as distâncias. A instrução derramou-se, as instituições aprimoraram-se. O direito substituiu o privilégio; a liberdade triunfa do espírito de rotina e do princípio de autoridade. Uma grande batalha empenha-se entre o passado, que não quer morrer, e o futuro, que faz esforços por vir à vida. Em favor dessa luta, o mundo agita-se e marcha; um impulso irresistível arrasta-o, e o caminho percorrido, os resultados adquiridos fazem-nos pressagiar conquistas mais admiráveis, mais maravilhosas ainda.

Mas, se os progressos, efetuados na ordem física e na ordem intelectual, são notáveis, é, pelo contrário, NULO [o grifo é nosso] o adiantamento moral. Neste ponto, o mundo parece antes recuar; as sociedades humanas, febrilmente absorvidas pelas questões políticas, pelas atividades industriais e financeiras, sacrificam os seus interesses morais ao bem-estar material. Se a obra da civilização aparece-nos sob magníficos aspectos, nem por isso, como todas as coisas humanas, deixa de ter sombras por baixo. Sem dúvida, ela conseguiu, até certo ponto, melhorar as condições da existência, mas multiplicou as necessidades à força de satisfazê-las; aguçando os apetites, os desejos, favoreceu igualmente o sensualismo e aumentou a depravação. O amor pelo prazer, pelo luxo, pelas riquezas tornou-se mais e mais ardente. Quer-se adquirir; quer-se possuir a todo custo.

[...] A Ciência e a indústria centuplicaram as riquezas da Humanidade; porém tais riquezas só aproveitaram a uma insignificante parte de seus membros. A sorte dos pequenos ficou precária e a fraternidade ocupa maior espaço nos discursos do que nos corações. No meio das cidades opulentas ainda se pode morrer de fome. As fábricas, as aglomerações obreiras tornaram-se focos de corrupção física e moral, como se fossem infernos do trabalho. A embriaguez, a prostituição, o deboche por toda parte derramam seus venenos, esgotam a vida em sua fonte e enervam as gerações, enquanto os jornais à farta semeiam a injúria, a mentira, e, simultaneamente, uma literatura criminosa vai excitando os cérebros e debilitando as almas. [...] Nossos males provêm de que, apesar do progresso da Ciência e do desenvolvimento da instrução, o homem ignora a si próprio. Sabe pouca coisa das leis do Universo, nada sabe das forças que estão em si. O conhece-te a ti mesmo, do filósofo grego, ficou, para a imensa maioria dos homens, um apelo estéril. Tanto como há vinte séculos, o ente humano ignora o que é, donde veio, para onde vai, qual o fim real da sua existência. Nenhum ensino veio dar-lhe a noção exata de seu papel neste mundo, de seus deveres e de seus destinos. (*Depois da Morte*, Capítulo VIII).

No livro *Os Caminhos do Vento*, do Espírito Monsenhor Eusébio Sintra, as palavras iniciais do autor são:

[...] E, de como a Luz Evangélica, mesmo há oitocentos anos, ainda não brilhava, da mesma forma que ainda não brilha hoje!... Se, na atualidade, temos visto a criminalidade recrudescer como nunca, e a patente inversão dos valores constituindo uma sociedade maldosa e corrupta, e tantas aberrações e disparidades sendo cometidas de modos tão comezinhos, em nome dos modismos estrambóticos e dos absurdos de uma pseudoarte, resta-nos a tristeza de assentir que, infeliz e invariavelmente, o homem permanece o mesmo, malgrado os estupendos avanços que a ciência e a tecnologia modernas vêm, sistematicamente, oferecendo-lhe!...

Infelizmente, tudo na vida banaliza-se; as bestialidades tornam-se comuns! Permanecemos no extravasar furioso da intensa animalidade contida em nosso peito! É a catadupa da ferocidade humana a despejar-se, insanamente, uns sobre os outros, e vencendo sempre o mais astuto!

Ainda somos, a maioria, Espíritos primários, espécies de "homens das cavernas", de cara raspada e envergando ternos de linho, microfibra ou de viscose; trajes de seda e veludo! Somos incapazes de raciocínios e emoções de alto nível espiritual e, com efeito, praticamos atos e decisões de temperamento colérico. Somos dominados pela cobiça, avareza, crueldade, inveja, hipocrisia, ódio, orgulho e despotismo. Trucidamo-nos no seio dos lares, bem como nos campos fratricidas das guerras.

Os cruzados matavam os fiéis sarracenos, e os muçulmanos, hoje, ainda se matam, impelidos pela mesma ferocidade do tempo dos primatas! No entanto, qual é o fundamento específico da revolução trazida pelo inesquecível Jesus, senão o mandamento salvacionista:

> Um novo mandamento vos dou: Que vos ameis uns aos outros; como eu vos amei a vós, que também vós uns aos outros vos ameis (João 13:34).

À primeira vista, parece estranho que Jesus chame isso de "um novo mandamento", quando todos os mestres da Humanidade disseram o mesmo. Mas o que Jesus, o Cristo, chama de *novo* é o amor nascido *via Deus* – isto é, a ética nascida da mística. Se esse amor não tem como intuito amar Aquele que criou no homem o poder de amar de todo o seu coração, de toda a sua alma e de todo o seu pensamento, desviou-se do seu verdadeiro objetivo e transformou-se em egoísmo.

Humberto de Campos (Espírito), quando foi levado a uma reunião no Instituto Celeste Pitágoras, localizado nos "planos erráticos", entrevistou Sócrates (Espírito). Esse colóquio encontra-se exarado na obra *Crônicas de Além-Túmulo*, Capítulo XXV, e fazemos questão de apontá-lo aqui, a conta de alguns trechos chocantes que, por sua vez, atestam nossa pequenez espiritual. Vejamos:

[...] – Mestre – disse eu –, venho recentemente da Terra distante, para onde encontro possibilidade de mandar o vosso pensamento. Desejaríeis enviar para o mundo as vossas mensagens benevolentes e sábias?

– Seria inútil – respondeu-me bondosamente –, os homens da Terra ainda não se reconheceram a si mesmos. Ainda são cidadãos da pátria, sem serem irmãos entre si. Marcham uns contra os outros, ao som de músicas guerreiras e sob a proteção de estandartes que os desunem, aniquilando-lhes os mais nobres sentimentos de Humanidade.

– No entanto... – retorqui – lá no mundo, há uma elite de filósofos que se sentiriam orgulhosos de vos ouvir!...

– Mesmo entre eles, as nossas verdades não seriam reconhecidas. Quase todos estão com o pensamento cristalizado no ataúde das escolas. [...] Nosso projeto de difundir a felicidade na Terra só terá realização, quando os Espíritos aí encarnados deixarem de ser cidadãos para serem

Homens conscientes de si mesmos. Os estados e as leis são invenções puramente humanas, justificáveis, em virtude da heterogeneidade com respeito à posição evolutiva das criaturas; mas, enquanto existirem, sobrará a certeza de que o Homem não se descobriu a si mesmo, para viver a existência espontânea e feliz, em comunhão com as disposições divinas da natureza espiritual. A Humanidade está muito longe de compreender essa fraternidade no campo sociológico.

[...] E, como se estivesse concentrado em si mesmo, o grande filósofo sentenciou:
– As criaturas humanas ainda não estão preparadas para o amor e para a liberdade... Durante muitos anos, ainda, todos os discípulos da Verdade terão de morrer muitas vezes!...

Se, nos dias de hoje, temos visto a criminalidade recrudescer como nunca e a patente inversão dos valores constituir uma sociedade maldosa e corrupta, bem como tantas aberrações e disparidades sendo cometidas de modos tão comezinhos, em nome dos modismos extravagantes e dos absurdos de uma pseudoarte, resta-nos a tristeza de assentir que, infeliz e invariavelmente, o Homem permanece o mesmo, a despeito dos incríveis avanços que a Ciência e a tecnologia modernas vêm, sistematicamente, ofertando-lhe.

O Espírito Emmanuel diz, no livro *Vinha de Luz*, Capítulo VII, que:

[...] Os tempos de agora são aqueles mesmos que Jesus declarava chegados ao planeta; e os judeus e gregos, atualizados hoje nos negocistas desonestos e nos intelectuais vaidosos, prosseguem na mesma posição do início. Entre eles, surge o continuador do Mestre, transmitindo-lhe o ensinamento com o verbo santificado pelas ações testemunhais.

Ora, desde a descida do Filho do Homem, mudou-se o panorama espiritual do nosso planeta e já não se justifica o sigilo em torno do que deve e precisa ser divulgado, pois o que impedia que as verdades fossem conhecidas era a imaturidade moral do Humano Ser, que não pode mais ser admitida após o conhecimento da palavra do Cristo Jesus.

Malgrado milhares de criaturas verem em Jesus o modelo e guia a ser seguido, examinando o que tem acontecido após Seu advento sacrificial, percebemos, pesarosamente, que, fora os esforços heroicos dos seus discípulos fiéis e o holocausto dos cristãos nos circos dos martírios, em Roma, a gradual maturação espiritual, que muitos de nós afirmamos, tem deixado a desejar. Em verdade, há, sim, uma imaturidade, ante a grande soma de iniquidades que a Humanidade tem praticado, mesmo à sombra amiga do Evangelho redentor.

Diz o Espírito Amélia Rodrigues, pela mediunidade de Divaldo Pereira Franco, no livro *Trigo de Deus*, Capítulo XXIV, que:

> [...] Jesus e Sua doutrina ainda são enigmas para a mentalidade hodierna.

O Espírito Joanna de Ângelis, também através da psicografia de Divaldo Pereira Franco, na obra *Leis Morais da Vida*, Capítulo LVIII, pede-nos para amarmos indistintamente a todas as criaturas:

[...] Recordando Jesus, que embora Modelo Ímpar, [infelizmente] não encontrou ainda, no mundo, o entendimento nem a aceitação que merece.

Em outro livro da mesma autora supracitada, *Messe de Amor*, Capítulo IX, ela pede-nos que aprendamos:

[...] A transformar as lágrimas, com que o dever te experimenta, em sorrisos de alento para os mais tíbios e, certo de que todos, na luta, estamos sofrendo para aprender e chorando para servir, liga o pensamento ao Senhor, que até hoje, sem reclamação, não encontrou em nossas almas um lugar seguro para a paz e o justo repouso.

E, no Capítulo X, lê-se:

[...] Há vinte séculos a ideia do Cristo vem sacudindo a Terra sem lograr penetração integral no coração humano.

O Espírito Manoel Philomeno de Miranda, pelo mesmo médium supracitado, diz que:

[...] Na Terra, por enquanto, não há lugar para os que Te servem tanto quanto não houve para Ti mesmo (*A Prece Segundo os Espíritos*, subtítulo "Em Oração").

Pois bem. Dois milênios são passados sobre o advento de Jesus na Terra, e a harmonia de Suas palavras mansas, exuberantes de ternura, encontra-se abafada pelo ruído apocalíptico do dragão voraz da discórdia que reina entre os Homens. Não há, porém, mais tempo a ser malbaratado quando se fala em viver o Evangelho do Crucificado. Aos que acham o contrário, e os respeitamos, Paulo de Tarso já nos advertira, em sua Epístola aos Romanos (13:11-12):

Já é hora de nos levantarmos do sono. A noite passou, e o dia vem chegando. Deixemos, pois, da treva as obras, e revistamo-nos das armas da luz!

Avia-te, *Homo ignoramus*!

Notas

1. O nascimento da história natural – com uma disciplina muito importante: a sistemática – surge quando os eruditos começaram a pesquisar o que governa a diversidade das espécies. O objetivo da sistemática é observar, comparar e classificar. Carlos Lineu (1707-1778), grande naturalista sueco, foi o primeiro a propor uma classificação dos animais que inclui o Homem. Em sua obra *Systema naturae*, publicada em 1758, ele classifica o Homem e os macacos na ordem dos primatas. E a taxonomia é a disciplina que, dentro das ciências naturais, trata de atribuir nomes às espécies e às diferentes categorias de classificações dos seres vivos.

2. A linha do tempo, que nos fornece datas fundamentais para a história moderna usando tanto datas absolutas aproximadas quanto datas recalculadas, baseia-se na suposição de que o Universo tenha sido criado há 13,8 bilhões de anos. Ademais, a maioria das datas dos eventos que ocorreram há mais de alguns milhares de anos foram estabelecidas somente nos últimos 50 anos, utilizando-se modernas tecnologias cronométricas, das quais a mais importante é a DATAÇÃO RADIOMÉTRICA. Esta permite que se calcule a idade de objetos antigos, tais como fósseis, múmias, relíquias, etc. A datação parte da análise do carbono-14 (C-14) presente em compostos orgânicos preservados entre camadas de rochas sedimentares acumuladas sucessivamente ao longo das eras geológicas.

   Há uma diferença entre o carbono-14 e o carbono-12. Este é aquele encontrado na composição do diamante, do grafite, do aço, ou seja, de substâncias inorgânicas e orgânicas (de animais, de plantas e do Homem). Já o C-14 é um isótopo radioativo

INSTÁVEL, que decai a um ritmo lento a partir da morte de um organismo vivo. O C-14 recebe essa numeração porque apresenta massa atômica 14; essa forma apresenta dois nêutrons a mais no seu núcleo que seu isótopo ESTÁVEL – o C-12.

O C-12 é produzido na atmosfera, e as plantas o absorvem através da fotossíntese. Quando o Homem e os animais ingerem vegetais, eles levam para dentro de si porcentagens de C-12. Portanto, o C-12 passa a fazer parte da estrutura celular de todos os seres vivos.

A quantidade de C-12 presente em nosso corpo permanece constante enquanto estamos vivos, mas, a partir do momento em que ocorre o desencarne, ela passa, como dissemos anteriormente, a decair no corpo físico. Os cientistas utilizam, então, a meia-vida do C-14 já conhecida (5730 anos) para calcular a data da morte do indivíduo. O mesmo acontece com animais: a partir da meia-vida do carbono, é possível calcular o período em que existiram.

Graças a essa propriedade do carbono de emitir radiação, os arqueólogos conseguem prever a idade de esqueletos encontrados em sítios arqueológicos.

Colocamos esta nota explicativa no intuito de mostrar ao leitor que a data de 500 milênios, fornecida pelo Espírito Áureo, é distinta daquela registrada no meio acadêmico pela Paleontologia e pela Antropologia.

REFERÊNCIAS

ALCÂNTARA, Pedro de (Zilda Gama). *Diário dos invisíveis*. São Paulo: O Pensamento, 1929.

ÂNGELIS, Joanna de (Divaldo Pereira Franco). *Estudos espíritas*. 5. ed. Salvador: Livraria Espírita Alvorada, 1981.

ÂNGELIS, Joanna de (Divaldo Pereira Franco). *Em busca da verdade*. 2. ed. Salvador: Livraria Espírita Alvorada, 2014.

ÂNGELIS, Joanna de (Divaldo Pereira Franco). *Leis morais da vida*, 1. ed. Miami Beach: Editora Leal Publisher, 2014. *E-book*.

ÂNGELIS, Joanna de (Divaldo Pereira Franco). *Messe de amor*. Miami Beach: Editora Leal Publisher, 2014. *E-book*.

ARMOND, Edgard. O*s exilados da capela*. São Paulo: Editora Aliança, 2011.

ATANAGILDO (Hercílio Maes). *Semeando e colhendo*. Curitiba: Instituto Hercílio Maes, 2020. *E-book*.

ÁUREO (Hernani Trindade Santana). *Universo e vida*. 5. ed. Rio de Janeiro: Federação Espírita Brasileira, 1998.

BERGSON, Henri. *A evolução criadora*. São Paulo: Editora UNESP, 2010.

CAMPOS, Humberto de (Francisco Cândido Xavier). *Crônicas de além-túmulo*. 17. ed. Brasília: Federação Espírita Brasileira, 2013.

CARVALHO, Vianna de (Divaldo Pereira Franco). *À luz do espiritismo*. 4. ed. Salvador: Livraria Espírita Alvorada, 2000.

CHARDIN, Teilhard de. *O fenômeno humano*. São Paulo: Cultrix, 2006.

CHRISTIAN, David. *Origens*. São Paulo: Companhia das Letras, 2019.

DARWIN, Charles. *A origem das espécies*. *[S.l.]:* Textos para Reflexão, 2017. *E-book*.

DENIS, Léon. *Depois da morte*. 28. ed. Brasília: Federação Espírita Brasileira, 2012.

DENIS, Léon. *No invisível*. 1. ed. esp. Brasília: Federação Espírita Brasileira, 2008.

EMMANUEL (Francisco Cândido Xavier). *A caminho da luz*. 11. ed. Rio de Janeiro: Federação Espírita Brasileira, 1982.

EMMANUEL (Francisco Cândido Xavier). *Emmanuel*. 25. ed. Rio de Janeiro: Federação Espírita Brasileira, 2005.

EMMANUEL (Francisco Cândido Xavier). *O consolador*. 24. ed. Rio de Janeiro: Federação Espírita Brasileira, 2003.

EMMANUEL (Francisco Cândido Xavier). *Vinha de luz*. Brasília: Federação Espírita Brasileira, 2020.

JOSEPHO (Dolores Bacelar). *O alvorecer da espiritualidade*. 4. ed. São Bernardo do Campo: Editora Espírita Correio Fraterno, 1989.

JOSEPHO (Dolores Bacelar). *Veladores da luz*. 4. ed. São Bernardo do Campo: Editora Espírita Correio Fraterno, 1989.

KARDEC, Allan. *A gênese*. Brasília: Federação Espírita Brasileira, 2011.

KARDEC, Allan. *O livro dos espíritos*. 33. ed. Rio de Janeiro: Federação Espírita Brasileira, 1974.

KARDEC, Allan (Zilda Gama). *Diário dos invisíveis*. São Paulo: O Pensamento, 1929.

LAMARCK. *Filosofia zoológica*, 1. ed. São Paulo: Editora Unesp, 2021.

LISIEUX, Teresa de (Michele Stefanie Gonçalves Sobrinho). *Mundos habitados do sistema solar*. Belo Horizonte: CEBMAB, 2023.

LUIZ, André (Francisco Cândido Xavier). *Evolução em dois mundos*. 21. ed. Rio de Janeiro: Federação Espírita Brasileira, 2003.

MENEZES, Bezerra de. *A loucura sob um novo prisma*. 10. ed. Rio de Janeiro: Federação Espírita Brasileira, 2002.

MIRANDA, Hermínio C. *Alquimia da mente*. 3. ed. Bragança Paulista: Editora 3 de Outubro, 2010.

MIRANDA, Manoel Philomeno de (Divaldo Pereira Franco). *A prece segundo os espíritos*. Salvador: Editora Leal, 2000.

PASTORINO, Carlos Torres. *Técnicas da mediunidade*. Rio de Janeiro: Editora Sabedoria, 1969.

PICQ, Pascal. *Darwin e a evolução*. São Paulo: Editora UNESP, 2015.

RODRIGUES, Amélia (Divaldo Pereira Franco). *Trigo de Deus*. 1. ed. Miami Beach, 2017. *E-book*.

SINTRA, Monsenhor Eusébio (Valter Turini). *Os caminhos do vento*. 2. ed. Matão: Editora O Clarim, 2007.

TRATTNER, Ernest Robert. *Arquiteto de ideias: a história das grandes teorias da humanidade*. 2. ed. Porto Alegre: Editora Globo, 1952.

UBALDI, Pietro. *A grande síntese*. Rio de Janeiro: Federação Espírita Brasileira, 1939.

UBALDI, Pietro. *Um destino seguindo Cristo*. Rio de Janeiro: Editora Fundação Pietro Ubaldi, 1984.

WALLACE, Alfred Russel. *Defesa do espiritualismo moderno*. São Paulo: Autores Espíritas Clássicos, 2016. *E-book*.